SCORPIO

DAIN HEER

DER NEUE
Gentleman

Aufrichtig in allen Beziehungen,
stark im authentischen Selbst

Aus dem amerikanischen Englisch
von Matthias D. Borgmann

SCORPIO

Das amerikanische Original ist 2018 unter dem Titel *Return of the Gentleman – Creating Nurturing Connections by Embracing the Authentic You* bei Access Consciousness Publishing, Stafford, USA, erschienen.

Dieses Buch enthält Links zu externen Webseiten Dritter, auf deren Inhalte der Scorpio Verlag keinen Einfluss hat. Deshalb können wir für diese fremden Inhalte auch keine Haftung übernehmen. Für die Inhalte der verlinkten Seiten ist stets der jeweilige Anbieter oder Betreiber der Seiten verantwortlich. Die verlinkten Seiten wurden zum Zeitpunkt der Verlinkung auf mögliche Rechtsverstöße überprüft, rechtswidrige Inhalte waren nicht erkennbar. Bei Bekanntwerden von Rechtsverletzungen werden wir derartige Links umgehend entfernen.

MIX
Papier aus verantwortungsvollen Quellen
FSC
www.fsc.org
FSC® C014889

© 2018 by Dain Heer
© der deutschsprachigen Ausgabe:
2019 Scorpio Verlag GmbH & Co. KG, München
Umschlaggestaltung: Guter Punkt, München
Umschlagfoto: Allanah Avelin
Layout & Satz: Danai Afrati und Robert Gigler, München
Druck und Bindung: Pustet, Regensburg
ISBN 978-3-95803-245-3
Alle Rechte vorbehalten.
www.scorpio-verlag.de

INHALT

Teil 3: Deine Zukunft als Gentleman   129

DANK

Dieses Buch ist nicht mein Buch. Es ist vielmehr das Produkt vieler, vieler *Gentlemen und -women*, die einmal in meinem Leben waren oder es noch immer sind – und denen ich für ihre wunderbare Unterstützung zu unendlichem Dank verpflichtet bin.

Angefangen mit meinem besten Freund und Geschäftspartner Gary Douglas, ein wahrer Gentleman und der Mit-Entdecker all der Dinge, die in diesem Buch als Möglichkeit vorgestellt werden. Mister Douglas, du bist für mich der Gentleman *par excellence.* Chapeau vor deiner Größe!

Außerdem gibt es in meinem Leben einige wunderbare Gentlemen, die ich voller Stolz meine Freunde nennen darf. Ich schätze mich glücklich, dass es euch gibt. Einige von euch waren ganz eng an der Schöpfung des Projekts beteiligt, welches zu diesem Buch geführt hat. Liam Bramley, Brendon Watt, Connor Hill und Graeme Crosskill – meine lieben Freunde, ich bin euch dankbar für eure Verletzlichkeit und den Mut, euch mit mir auf dieses Themengebiet einzulassen!

Auch hätte dieses Buch niemals das Licht der Welt erblickt ohne drei überragende Autorinnen, die meine Worte erst wirklich zum Glänzen brachten. Danke, Katarina Wallentin, Teresa Stenson und Heather Nichols. Meine Damen, ihr seid brillant!

Last but not least geht mein Dank an euch, ihr Mutigen und Couragierten, die ihr euch im Folgenden darum bemühen werdet, die wahren Möglichkeiten dessen zu erforschen, was es bedeutet, ein Gentleman zu sein. Gemeinsam sind wir die Veränderung und das Geschenk, die diese Welt braucht.

EINLADUNG AN DICH

Ja, du bist eingeladen! Wie auch immer es dazu gekommen ist, dass du jetzt in diesem Moment diese Worte liest – ich freue mich, dass du hier bist.

Ich lehne mich jetzt mal ganz weit aus dem Fenster: *Ich glaube, du liest dies hier, weil du weißt, dass es tief in deinem Innern noch etwas für dich zu entdecken gibt.*

Vielleicht hast du schon eine Zeit lang nach diesem Buch gesucht. Vielleicht hast du schon länger nach Informationen gestöbert, wie man in dieser Wirklichkeit ein Mann sein kann – und vielleicht bist du frustriert und verwirrt, weil die meisten Sachen, auf die du gestoßen bist, sich für dich einfach nicht stimmig anhören und die Ideen und Meinungen dahinter dich nicht ansprechen.

Du hast überhaupt kein Interesse daran, Frauen, Männer oder den Planeten zu beherrschen. Und all die Anleitungen auf YouTube, wie man Frauen ins Bett kriegt, sind nicht im

Entferntesten das, wonach du suchst. Die »#MeToo«-Kampagne, die Anfang 2018 ihren Lauf nahm, drückt nur noch einmal verstärkt aus, in welchem Zustand des totalen Wahnsinns sich unsere Gesellschaft auf diesem Gebiet momentan befindet.

Also gut, du willst – deinen Neigungen entsprechend – zu Frauen oder Männern sexuelle Beziehungen haben, und Sexualität ist zweifellos ein Bestandteil des Lebens eines jeden Gentleman. Natürlich werden wir in diesem Buch auch darauf eingehen, jedoch kann dies weder der Ausgangspunkt noch das Endziel dieser Diskussion sein.

Außerdem bin ich überzeugt, tief in deinem Innern spürst du, dass dein Wert als Mann sich nicht dadurch definiert, mit wie vielen Menschen du ins Bett gehst. Kannst du dich damit identifizieren?

Nun, mein Freund, dann bist du ein Suchender (auch »Pferdemensch« oder »Humanoid« genannt – aber darauf kommen wir noch zu sprechen), und du bist hier genau richtig.

Stell dir vor

Stell dir vor, du wachst morgen auf, schaust in den Spiegel und magst den Mann, der dir da entgegenblickt. Du magst dein ganzes Selbst richtig gern – von ganzem Herzen. Deine Minderwertigkeitsgefühle sind wie weggeblasen!

Du bringst dir selbst Wertschätzung entgegen. Du würdigst dich selbst. Du hast Vertrauen in dich. Du bist dankbar für dich: für die Großartigkeit, die du bist, einfach weil du du selbst bist.

Fühle es. Spüre, wie die Last, anderen gefallen zu müssen, von dir abfällt. Spüre, wie alle Vorstellungen von *so sollte ich sein* oder *das erwartet man von mir* sich auflösen. Spüre die Einfachheit und die Leichtigkeit deiner selbst, wenn du dich von alledem befreit hast.

In dieser neuen, leichteren Art des Seins musst du nicht länger Teile deines Selbst beschneiden, um dazuzugehören. Du musst nicht länger eine Rolle spielen, in der verzweifelten Hoffnung, dass jene, die du attraktiv findest, dich ebenfalls begehren.

Du musst dir andere Menschen – dazu zählen auch andere Männer – nicht länger vom Leib halten, um als Macho dazustehen oder deine Stärke zu demonstrieren.

Du wirst niemanden mehr bewerten, und schon gar nicht den Mann, der dir im Spiegel entgegenblickt. Das klingt doch ziemlich cool, oder? Und wahrscheinlich genauso illusorisch, egoistisch und unerreichbar.

Es ist völlig in Ordnung, dass du zweifelst. Doch du bist noch immer hier. Du hast dich dafür entschieden, weiterzulesen. Am Anfang des gesamten Prozesses, um den es in diesem Buch geht, steht eine Wahl. Wenn du bereit bist, etwas anderes als bisher zu wählen, öffnen sich dir eine Menge neuer Türen – so einfach und so schön ist das!

Hier also meine Frage: Bist du bereit, die erste Tür zu öffnen und diesen Schritt ins Unbekannte zu wagen? Oder – stopp mal: Ist es wirklich unbekanntes Terrain, das wir beschreiten, oder handelt es sich dabei nicht eher um Altbekanntes?

Schließlich sind wir hier auf dem Weg, den Gentleman in uns *neu* zu entdecken. Ich betrachte uns gern als Renaissance-Menschen. Unser wahres Selbst wiederzufinden, es wiederzuentdecken, es neu zu erfinden, ist so, als fänden wir längst vergessene, wunderschöne und herrliche Kunstgegenstände wieder, die uns schon immer gehört haben. Wir schütteln einfach alle Fehlinterpretationen und falschen Vorstellungen ab, in die wir uns verrannt haben, und entlassen uns selbst erneut ins Licht der Erkenntnis.

Ich lade dich ein, dies zu erkennen. Ich lade dich ein, dich dafür zu entscheiden. Ich lade dich ein, gemeinsam mit mir durch diese Tür zu gehen – in Leichtigkeit, Freude und Herrlichkeit – und mit der Eleganz eines wahren Gentleman.

Ich bin sehr dankbar dafür, dass du hier bist!

Mädels erlaubt

Es stimmt zwar, dass dieses Buch *Der neue Gentleman* heißt, und es stimmt auch, dass ich beim Schreiben an euch Suchende männlichen Geschlechts denke, aber deswegen will ich auf gar keinen Fall meine Leserinnen ausschließen. Ausschluss kreiert Trennung, und das ist das genaue Gegenteil dessen, worum es in diesem Buch geht.

Als ich in einer Reihe von YouTube-Videos begann, über das Thema zu reden, wie man ein Gentleman sein kann, war ich völlig von den Socken und begeistert, dass ich nicht nur von Männern, sondern auch von weiblichen Zuschauern Feedback bekam. Wie sich herausstellte, hatten die Videos und Diskussionen, die wir dort führten, die Frauen wirklich weitergebracht. Manche Frauen hatten die Videos gar nicht selbst gesehen, sondern nur deren Partner – und im Anschluss kam es zu großen positiven Veränderungen in der Beziehung.

Also, wenn du kein Mann bist, aber Interesse daran hast, was sich bei den Männern in deinem Leben womöglich gerade so abspielt – dann schließe dich uns an und mache dich mit uns auf die Suche. Du hast nichts zu verlieren, und du wirst mit Sicherheit zu einem tieferen Verständnis deines Partners, Geliebten, Sohnes, Bruders, Vaters oder Freundes gelangen. Vielleicht kannst du sogar einen Beitrag zu deren Leben leisten, indem du diese Ideen mit ihnen teilst – oder besser noch, indem du ihnen dieses Buch überreichst und ihnen damit die Chance gibst, die hier beschriebenen Ideen und neuen Möglichkeiten für sich selbst zu entdecken.

Im Geist von Offenheit und Verschiedenheit richtet sich dieses Buch selbstverständlich nicht nur an Männer, die mit Frauen Sex haben. Zu einem Gentleman gehört natürlich das Thema Sexualität, und die Empfehlungen in diesem Buch sind auf sexuelle Beziehungen jeglicher Couleur (die auf beiderseitigem Einverständnis und Rechtmäßigkeit beruhen) anwendbar, für die du dich entschieden hast und in denen du dich gerade befindest.

Sollte ich also eine geschlechtsspezifische Sprache verwenden, die deiner Situation nicht entspricht, sei dir bitte bewusst: Dies geschieht lediglich aus Gründen der Platzökonomie, und *alle Vorlieben* werden hier gleichermaßen gewürdigt.

Die Wahrheit darüber, was es heißt, ein Mann zu sein

Auch wenn du sonst nichts aus diesem Buch mitnimmst, lass zumindest diese eine Möglichkeit zu:

Die Wahrheit fühlt sich immer leicht an. Eine Lüge fühlt sich schwer an.

Vor einigen Augenblicken habe ich dich gebeten, dir vorzustellen, dass du in den Spiegel schaust und den Mann, den du da vor dir siehst, gernhast. Ich habe dich gebeten, dir vorzustellen, alle Gedanken daran loszulassen, was du als Mann tun, wie du dich verhalten und wer du aus der Sicht der anderen sein *solltest*. All das hast du losgelassen und dich leichter gefühlt – weil es für dich wahr war, weil es *stimmig* für dich war. Und du hast dich entschieden, weiterzulesen.

Wisse: Du besitzt einen Instinkt für das, was für dich stimmig ist. Dieser wurde lediglich konditioniert, man hat ihn dir abtrainiert. Ob du dir darüber im Klaren bist oder nicht, du hast schon vor langer Zeit entschieden, dass für dich gewisse Dinge stimmig sind und andere nicht. Aber du hast nie daran gedacht, innezuhalten und dich zu fragen, woher diese Vorstellungen kommen und zu wem sie gehören. Das Ergebnis – die Tatsache, dass du dich im Wesentlichen im Autopilot-Modus befindest – bedeutet … nur noch mehr Einschränkungen für dich.

Deshalb lade ich dich ein, diese äußerst simple Frage deinem Werkzeugkasten eines Gentleman hinzuzufügen: **Leicht oder schwer?**

Benutze dieses Werkzeug immer, wenn dir in diesem Buch eine Idee vorgestellt wird – besonders bei solchen, die dich ansprechen oder Gefühle in dir hervorrufen. Fühlt es sich leicht oder schwer an? »Leicht oder schwer?« ist eine wunderbare und dynamische Kurzformel, um herauszufinden, ob eine Idee für dich wahr ist.

Bist du ein »Pferdemensch«?

Wir hatten ja bereits festgestellt, dass du ein Suchender bist. Du suchst nach mehr. Und obwohl du damit ganz und gar nicht allein dastehst, mein Freund, hast du womöglich dennoch das Gefühl, dass nicht jeder so ist wie du. Vielleicht spürst du schon, dass du ein wenig anders bist als einige Menschen in deinem Leben, egal, ob sie aus deinem engeren Umfeld stammen, wie deine Freunde oder Familie, oder ob es die Menschen sind, von denen du nur einen flüchtigen Blick erhaschst, wenn sie im Fernsehen, in Talkshows, in der Zeitung oder in den sozialen Medien ihre Meinung zum Besten geben.

Und obwohl die Welt aus einer Vielzahl von Menschen besteht und Unterschiedlichkeit etwas ist, das wir nicht hoch genug schätzen können, möchte ich an dieser Stelle einen Vergleich aus dem Tierreich bemühen, der dir dabei helfen soll zu verstehen, wer du bist und warum du so anders bist (und dich so anders fühlst).

Diese anderen Leute – die glücklich sind (oder es zu sein scheinen), wenn sie einfach nur herumstehen und alles hinnehmen, was man ihnen sagt, die in einem Zustand der Passivität leben, ihr Futter wiederkäuen und stoisch ihres Schicksals harren – sind wie Kühe, also sozusagen »Kuhmenschen«.

Du mit deinem Sinn für Abenteuer, mit deiner Neugierde und deiner Fähigkeit zur Veränderung ähnelst dagegen eher einem Pferd, bist also ein »Pferdemensch«. Zwei verschiedene Spezies, die zwar auf dem gleichen Planeten wohnen, aber jeweils ihr eigenes Ding leben.

Aber ich möchte Menschen wie dich und mich nicht unbedingt als Pferde bezeichnen (auch wenn es mich persönlich nicht stören würde), und auch nicht jeden, der nicht so ist wie wir, als Kuh abstempeln. Es ist lediglich eine einfache Art, die Unterschiede zu veranschaulichen, die du vielleicht gespürt hast und von denen du nur nicht wusstest, wie du sie in Worte fassen sollst.

Führen wir stattdessen zwei andere Begriffe ein. Wenn du mit meiner Beschreibung der Merkmale von Pferdemenschen etwas anfangen konntest, dann könntest du genauso gut sagen: So wie ich bist auch du ein »Humanoid«.

Alle anderen, die sich mit dem Status quo zufriedengeben und mit ihrer Situation glücklich sind, können weiterhin einfach »Menschen« bleiben.

Welcher von beiden bist du? Bist du bereit, den Status quo zu verändern, was es heißt, ein Mann zu sein? *Wenn ja – dann lass uns loslegen!*

TEIL 1

Den inneren

Gentleman

finden

KAPITEL 1

WAS IST EIN GENTLEMAN?

Was ich jetzt sagen werde, mag dich überraschen oder vielleicht sogar enttäuschen. Du magst denken, das widerstrebt mir, das finde ich lächerlich und frech und so was von armselig – ich will auf der Stelle mein Geld zurückhaben!

Aber hier kommt der Satz dennoch: *Auch wenn es in diesem Buch darum geht, wie man ein Gentleman ist, werde ich dir keine Definition liefern, was es heißt, ein Gentleman zu sein.* Es gibt kein spezielles Rezept von Dain Heer, wie man ein Gentleman wird.

Das wäre viel zu statisch, endgültig und vorschreibend. Wie ich schon so oft in meinen Büchern und Online-Materialien (sowie in meinen Lehrgängen und einigen meiner Gespräche) gesagt habe: Ich habe keine Antworten für dich, mein Freund – nur Fragen. Ich werde dir nie sagen, was du tun sollst, und ich werde niemals irgendwelche Forderungen an dich stellen.

Ich lade dich lediglich ein, dieses Gebiet mit mir zu erkunden. Und um etwas erkunden zu können, müssen wir unser

Schwarz-Weiß-, Gut-und-Schlecht-, Richtig-und-Falsch-Denken hinter uns lassen.

Ein wichtiger Teil dieses Buches, und ein notwendiger Schritt auf dem Weg zum wahren Gentleman, besteht darin, die Rollen, die wir als Männer meinen spielen zu müssen, zu hinterfragen und einzureißen – also werde ich dir hier nun wirklich keine andere Art des Seins vorschreiben. Stattdessen möchte ich dir Möglichkeiten an die Hand geben, die dich an den Punkt bringen, wo du die großartigste Version deiner selbst als Mann sein kannst – was immer das für dich heißen mag.

Müsste ich in einem einzigen Satz zusammenfassen, was es heißt, ein Gentleman zu sein, dann käme dies dem obigen Satz ziemlich nahe.

Ich sage es noch einmal: *Ein wahrer Gentleman zu sein bedeutet, das Großartigste zu sein, was du als Mann verkörpern kannst – was immer das für dich heißen mag.*

Warum diese Diskussion notwendig ist

Es gibt unzählige Gründe, weshalb ich glaube, dass diese Diskussion gerade zum jetzigen Zeitpunkt ein absolutes Muss ist.

Der Samen dazu entstammt einem Gespräch, das ich mit einem guten Freund geführt habe; daraus entwickelte sich eine Video-Reihe auf YouTube, die wiederum unzählige Männer auf der ganzen Welt ansprach und zahlreiche Fragen und Beiträge von ihnen nach sich zog. Männer hörten einander zu, interagierten und gaben ihre Meinung zum Besten. Sie sagten: *So ist es!* Und, wie bereits erwähnt, reagierten ihre Partnerinnen und Partner auf ganz ähnliche Weise.

Ich will noch etwas genauer auf diesen Samen eingehen, den jener gute Freund von mir, der dreiundzwanzigjährige Liam, gepflanzt hat. Er und ich unterhielten uns über die verschiedenen Aspekte dessen, was es bedeutet, ein Mann zu sein. *Kann ein Mann liebenswürdig und gleichzeitig stark sein? Kann er verletzlich sein und trotzdem voll sexueller Kraft?*

Übrigens, genau diese Art von Gesprächen – offen, ehrlich, einander unterstützend – sind es, die Männer miteinander zu führen imstande sein sollten: ein Thema, auf das wir in diesem Buch noch zu sprechen kommen werden.

Da waren wir also, und Liam stand vor mir und meinte, allein schon die Tatsache, dass wir in dieser Weise über ein solches Thema sprechen konnten, sei für ihn eine große Sache. Wir behandelten und erkundeten ein Themenfeld, über das er verzweifelt versucht hatte, gute, nützliche und authentische Informationen zu finden.

Er hatte YouTube durchforstet sowie alle möglichen Varianten des Satzes *Was bedeutet es, ein Mann zu sein* in Google eingegeben und sich durch die Artikel, Seminare und Meinungen gewühlt, die er dazu gefunden hatte. Doch dabei war er weder schlauer geworden noch der Lösung näher gekommen, wie er als der Mann leben konnte, der er in dieser Welt sein wollte.

Was Liam wirklich vermisste, waren Quellen, die eine Möglichkeit aufzeigten, wo Männer ehrenwert, liebenswürdig und sorgend sein konnten und *gleichzeitig* potent und sexuell.

Alles, was dieser junge Suchende fand, waren *Entweder-oder-*Lösungen:

Entweder bist du ein Alpha-Mann oder ein Weichei.
Entweder dominierst du die Frau oder du lässt dich von ihr dominieren.

Dazwischen gab es nichts. Keine Grauzonen. Keinen Raum für andere Möglichkeiten.

Im Endeffekt ging es bei all diesen Quellen nur darum, Frauen für sich einzunehmen oder sie dazu zu bringen, dass sie mit einem schliefen. Als wäre dies alles, worauf es ankommt. Als wäre dies das Maß der eigenen Wertschätzung.

Und genau da, in diesem Moment während dieses Gesprächs, wurde Liam klar, dass es keineswegs um *Entweder-oder* ging. Er konnte liebenswürdig *und* stark, verletzlich *und* sexuell, fürsorglich *und* durchsetzungsfähig sein.

All dies konnte er sein und noch vieles mehr. Da dachte ich mir: »*Na gut, wenn es diesem wissbegierigen und intelligenten jungen Mann nicht gelungen ist, eine passende Orientierungshilfe zu diesem Thema zu finden, müssen wir eben eine Plattform kreieren, wo wir darüber reden.*«

Also veranstaltete ich eine Reihe von Diskussionen und Frage-&-Antwort-Runden auf YouTube und gab dem Ganzen den Titel *Return of the Gentlemen* (Rückkehr der Gentlemen). Und, wie ich schon sagte, reagierten sowohl Männer als auch Frauen darauf – und der Samen zu diesem Buch war gesät.

Wenn im Wald ein Baum umfällt

Ein weiterer bedeutender Hinweis darauf, dass diese Diskussion wichtig ist, war die Tatsache, dass den Frauen in dieser Welt, die wissen wollen, wie sie als Frauen in ihrer Kraft leben können (und weshalb solltet ihr euch diese Frage nicht stellen?!), ganze Berge von Materialien zur Verfügung stehen. Es gibt eine gewaltige Menge überragender Stimmen, die den weiblichen Suchenden erklären, wie sie ihre Großartigkeit zur Entfaltung bringen können.

Das finde ich wunderbar, und ich stehe dahinter und freue mich riesig, dass es diese Stimmen gibt und dass sie gehört werden. Denn sie müssen gehört werden.

Aber wo finden sich daneben gleichermaßen authentische und ermächtigende Stimmen für uns Männer? Nun, wir haben ja bereits festgestellt, dass diese vollkommen von den Stimmen übertönt werden, die rufen: **»Bei einem wahren Mann zählt nur, dass er die Frauen ins Bett kriegt.«**

Und wozu führt ein solches Missverhältnis? Was, wenn für Liam oder mich oder Millionen anderer Humanoid-Männer die Anzahl der Personen, mit denen wir im Bett waren, nichts mit unserem Selbstwertgefühl zu tun hat? Was, wenn *du selbst* das wertvolle Produkt bist, um das es geht?

Wenn du ein Mann bist, ist es gut möglich, dass du ständig das Gefühl hast, du seist nicht genug. Aus der Sicht so vieler (Männer *und* Frauen) sind Männer generell *weniger wert;* sie sind verkehrt, weil sie mehr wollen, sie sind verkehrt, weil sie etwas anderes wollen – Männer sind einfach grundsätzlich im Unrecht!

Also machen wir uns selbst ein Stück kleiner. Weil wir nicht dieser Typ sein wollen – dieser widerliche Typ, der sich einfach nimmt, was er will. Wir wollen die Frauen in unserem Leben respektieren, nähren, lieben.

Und hier geraten wir ins Schlingern. Wir glauben, um eine Frau zu respektieren, müssten wir uns selbst kleiner machen. Wir glauben, dass wir falsch liegen müssen, damit sie recht hat.

Wenn du es aus dieser Perspektive betrachtest – siehst du, wie völlig schräg das ist? Stell dir einfach mal die Frage: **Wenn im Wald ein Baum umfällt und niemand ist da – ist dann trotzdem der Mann dran schuld?**

Na gut, das war ein kleiner Kalauer (der sich eigentlich auf eine andere philosophische Fragestellung bezieht[1]), aber es berührt mich und viele andere Männer, mit denen ich darüber gesprochen habe, weil wir zu dem Gefühl neigen, immer an allem schuld zu sein.

Ich wünsche mir wirklich, wir wären in der Lage, uns davon zu befreien, sodass wir unser wahres, authentisches Selbst leben können – denn wenn du dieser Mann bist, der ganz in seiner Kraft lebt, dann brauchst du dich nicht mehr zu schämen, schuldig zu fühlen oder klein zu machen. Du brauchst dich nicht dafür zu entschuldigen, dass es dich gibt.

Die Trennung von dir selbst

Siehst du, wie diese *Entweder-oder*-Sicht, was ein Mann sein kann, dich vollkommen in die Irre geleitet und komplett davon abgebracht hat, deine ganze Großartigkeit zu leben?

Im Grunde warst du nicht nur von deinem wahren Selbst abgetrennt, sondern auch von anderen – von Männern *und* Frauen.

---

1   Nämlich auf das Gedankenexperiment: Wenn im Wald ein Baum umfällt und niemand ist da, um es zu hören, gibt es dann ein Geräusch? (Anm. d. Ü.)

Ein großer Teil der Quellen im Internet für Humanoid-Frauen handelt davon, die eigene Weiblichkeit und Kraft als Frau zu behaupten, wohingegen die (Wie kriegt man jemanden ins Bett-)Botschaften für Männer offenbar auf ganz bestimmte Vorstellungen abzielen, was es heißt, ein Mann zu sein – so verfehlt diese auch sein mögen. Die Folge all dieser Etikettierungen von männlichen versus weiblichen Eigenschaften führt im Endeffekt aber nur zu Trennung.

Was wäre, wenn du alles haben könntest? Wenn du über die sogenannte männliche Stärke verfügtest, etwas, was total blöd gelaufen ist, – falls nötig – auch mal beim Namen zu nennen, und eine traditionell eher als weiblich verstandene Seite es dir dann aber erlaubte, es wieder loszulassen? Dazu brauchst du weder Kampf noch Auseinandersetzung, sondern einfach nur den Mumm, es zu sagen. Es geht im Grunde nicht einmal um Mumm – es geht einfach darum, dass du du selbst bist.

So weit würde ich uns gern bringen. An einen Punkt, wo deine Verletzlichkeit deine Kraft ist und du Freude daran findest, alles, was du bist, als wahrer Gentleman zu leben.

Von wo brechen wir auf?

Erinnerst du dich? In der Einladung zu diesem Buch sprach ich davon, dass wir wie Renaissance-Menschen sind, die freilegen, wer sie in Wirklichkeit sind. Schicht um Schicht entfernen wir den Mist von unserem wahren Selbst. Von dem Gentleman, der wir sind und der wir sein können.

Also – wo bist du gewesen? Na ja, du lagst irgendwo begraben unter den Rollen, die zu spielen man von dir erwartete, unter der Trennung, zu der dies alles geführt hat, unter deinem Anderssein und folglich dem Gefühl, immer falsch zu liegen. Und ganz nebenbei hast du die Wahrheit unterdrückt, obwohl du die ganze Zeit irgendwo WUSSTEST, dass es da draußen noch mehr für dich gibt.

Bist du bereit für etwas Neues? Ist es an der Zeit, du zu sein – egal, was kommt? Dürfen wir dich begrüßen – diesen brillanten, auf einzigartige Weise eleganten und machtvollen Gentleman, der du wahrhaft bist?

Wohin geht unsere Reise?

Da wir nun einen ersten, flüchtigen Blick darauf geworfen haben, wo du gewesen bist und was dich dorthin gebracht hat, würde ich dir jetzt gern erzählen, wohin – als Ergebnis dieses Gesprächs und deiner Lektüre dieses Buches – ich mir wünsche, dass uns unsere Reise führt.

Wenn ich eine Sache wählen könnte, die du aus diesem Gespräch mitnimmst, dann wäre es die folgende. (Ich habe dich ja bereits darum gebeten, es dir vorzustellen, und womöglich hast du schon einen ersten Eindruck von dieser Möglichkeit erhascht – hier ist sie also noch einmal:)

Ich wünschte, du könntest in den Spiegel schauen und den Mann, der dir da entgegenblickt, richtig gernhaben.

Na gut: Dieses »richtig gernhaben« klingt vielleicht etwas schwammig. Lass uns den Begriff noch ein wenig erweitern. Dich »richtig gern mögen« wird dann Realität, wenn du dich für nichts mehr zu schämen brauchst und das Gefühl hast, dich nicht dafür entschuldigen zu müssen, wer du bist. Es entsteht dann, wenn du dich selbst würdigst und wertschätzt. Wenn du ein Leben führst, in dem du nichts mehr bewertest. Wo du dir selbst erlaubst, die bestmögliche Variante deiner selbst zu sein.

Das Erstaunliche ist: Sobald du diesen Punkt erreicht hast, geschehen in deinen Beziehungen zu anderen Menschen die unerhörtesten Dinge. Dies führt mich zu einem weiteren Wunsch, den ich für dich habe:

Ich wünsche mir, dass du die Trennungen, die du mit anderen erlebt hast – mit Männern und Frauen –, niederreißt und in einem Zustand der Einheit lebst, nicht nur mit dir selbst, sondern auch mit den Menschen um dich herum.

Na ja, das mag nach einer ziemlich großen Forderung klingen. Unerreichbar. Du magst gegen diese Aussage einen gewissen Widerstand verspüren – vielleicht liegt es an dem Wort »Einheit«!

Doch was ich damit wirklich meine, ist, dass wir an einen Punkt gelangen, wo wir mit Gelassenheit nebeneinander stehen können – besonders wir als Männer neben anderen Exemplaren unseres Geschlechts, denn gerade unter Männern beobachte ich so viel Trennung und Konkurrenzverhalten. Ich wünschte mir, wir gelangten an einen Punkt, wo wir uns gegenseitig unterstützen und dankbar füreinander sein könnten.

Wenn du dich selbst wertschätzt und magst, wird dies dazu führen, dass dich andere ebenfalls wertschätzen und mögen. Schätzt du dich dagegen selbst, wird die Trennung aufgehoben, die Mauern stürzen ein, und du wirst zur übrigen Welt die allerbesten Beziehungen bekommen.

So bin ich dahin gekommen, wo ich heute bin

In jenem Gespräch mit Liam, das diese ganze Diskussion ins Rollen gebracht hat, sagte er mir, ich sei aus seiner Sicht die Verkörperung eines wahren Gentleman. Einfach indem ich ich selbst war, hatte ich ihm gezeigt, wie man in dieser Welt ein Mann sein kann. Es überraschte mich, dies zu hören – es war eine wirklich wunderbare Überraschung –, denn bis zu diesem Zeitpunkt hatte ich mir darüber kaum Gedanken gemacht.

Ich selbst sehe mich weder als Vorbild noch als irgendeine Art Guru, sondern im Geiste des Erfahrungsaustauschs; ich kann dir berichten, wie ich dahin gelangt bin, wo ich heute stehe – an einen Punkt, wo ich sagen kann, ich mag den Mann, den ich sehe, wenn ich in den Spiegel schaue, von ganzem Herzen.

Ich bin alles andere als perfekt, und ihr könnt mir glauben, es war ein langer Weg bis hierher. Es war nicht leicht, und in vielerlei Hinsicht stecke ich noch immer inmitten meiner Entwicklung – aber seien wir mal ehrlich, das geht uns doch allen so, und wir sollten froh darüber sein! Was, wenn das Ziel gar nicht existierte, sondern nur das Abenteuer, zu leben und in diesem Moment du selbst zu sein?

Ich will euch kurz davon erzählen, wie ich an den Punkt gelangt bin, an dem ich heute stehe. Als ich aufwuchs, gaben mir alle Botschaften, die ich empfing, unmissverständlich zu verstehen: Männer sind schlecht, Frauen sind gut. Männer liegen verkehrt, Frauen haben recht. Männer sind nichts wert, Frauen alles.

Diese Botschaften haben mich von einem so frühen Alter an beeinflusst und geprägt, dass ich MASSENHAFT Gefühle von Scham in mein Leben als Erwachsener mitnahm, nur aus dem einen Grund: weil ich ein Mann war.

Meine einzige Möglichkeit, dieses Schamgefühl zu kompensieren, vor der Welt etwas wiedergutzumachen von dem Leid, das mein Geschlecht im Lauf der Geschichte Frauen zugefügt hatte, bestand darin, Frauen in den Himmel zu heben und alles Mögliche zu tun, um sie glücklich zu machen und sicherzustellen, dass ihre Bedürfnisse weit über meine eigenen hinaus erfüllt waren.

Erst als ich auf Access Consciousness stieß und Gary Douglas kennenlernte, wurde mir bewusst, wie verzerrt meine eigene Sichtweise war und dass ich dringend anfangen musste, mich selbst zu würdigen, bevor ich echte, authentische und bedeutsame Beziehungen zu anderen haben konnte.

Ich hatte so viele Teile meines Selbst beschnitten, um die Frauen in meinem Leben glücklich zu machen, dass ich eher einer leeren Schale glich als dem, was ich eigentlich hätte sein können. Ich musste mich selbst fragen: *Was macht mich eigentlich glücklich? Wie kann ich mir selbst Wertschätzung entgegenbringen?* Das war der Beginn einer bis heute andauernden Suche, und ich fing an, mich wirklich selbst zu mögen.

Heute bin ich überglücklich, dir sagen zu können, dass ich jeden Tag ein Stück mehr »ich selbst« bin und mittlerweile wunderbare Beziehungen, Freundschaften und Verbindungen mit einer Menge Männern und Frauen habe und – am allerwichtigsten – auch mit dem Mann im Spiegel.

Du bist hier

Als dein Gentleman-Kollege bin ich an deiner Seite und sage dir: *An diesem Punkt stehen wir in diesem Moment als Männer in dieser Wirklichkeit – und du weißt nun, warum. Und vor uns liegt eine Tür, die uns einen neuen Weg des Seins eröffnen kann.*

Wenn du dich dafür entscheidest, die Tür mit mir zu öffnen und einen Blick auf das zu werfen, was sich dahinter verbirgt, dann wäre das fantastisch. Entscheidest du dich – aus welchem Grund auch immer –, diesen Weg nicht zu gehen, ist das genauso in Ordnung. Hier wird es keine Bewertungen geben, niemals.

Diese neue Weise, dich selbst in der Welt zu sehen, ist vielleicht nicht beziehungsweise *noch nicht* deine Sache. Vielleicht kommst du zu einem späteren Zeitpunkt auf dieses Buch zurück, oder du wirfst es für immer in die Ecke – die Entscheidung liegt bei dir.

Oder, und das wäre eine dritte Möglichkeit, du findest *manches* aus diesem Buch gut. Nicht alles, aber ein paar Dinge schon. Vielleicht hast du den Eindruck, dass sich einige der Ideen für dich leicht anfühlen. Du könntest dir ja – wie ich es vorgeschlagen habe – die Frage stellen: Fühlt sich das für mich leicht oder schwer an?

Du wählst aus, was für dich funktioniert. Ist doch cool, oder? Wie ermächtigend ist das. Und wie *einfach*. Bist du bereit, dich auf ein Abenteuer einzulassen?

KAPITEL 2

DIE ABSCHAFFUNG DES MANNES, DER WIR GLAUBEN SEIN ZU MÜSSEN

Ich habe eine Frage an dich. (In Wirklichkeit habe ich eine Menge Fragen an dich. Dieses Buch fließt geradezu über vor Fragen. Ich nehme mir einfach diese Freiheit.) Also – hier ist meine Frage:

> **Was wäre, wenn das größte Hindernis, das dich davon abhält, deine Großartigkeit zu entfalten, die Tatsache wäre, dass du jemand zu sein versuchst, der du gar nicht bist?**

Denk mal einen Moment darüber nach. Wie fühlt sich das an? Leicht oder schwer? Wie fühlt sich die Vorstellung an, dass du in deinem Leben eher einen Bühnenpart übernommen hast oder eine bestimmte Rolle spielst, statt als du selbst zu leben? Wäre das eine Möglichkeit für dich?

Das genügt für den Augenblick. Wir werden schon bald auf diese Frage zurückkommen.

Loslassen

Auf diesem ersten Teil unserer Reise möchte ich dich einladen, dir ein paar Gedanken zu machen über die Rollen, die wir spielen, und darüber, wie du als Mann das Gefühl bekommen konntest, du müsstest eine Nummer abziehen, einen bestimmten Part spielen oder jemand anders sein – nur um äußere Erwartungen (und vielleicht auch ein paar eigene) zu erfüllen.

Falls du die Wahl triffst, dich mir anzuschließen, würde ich dich gern bis an den Punkt führen, wo du erkennst, ob du in irgendeiner der Beziehungen deines Lebens eine Rolle übernommen hast. Und als Nächstes möchte ich dich einladen zu sehen, wie das Spielen bestimmter Rollen womöglich deine Fähigkeit einschränkt, DU SELBST zu sein.

Bist du dir erst mal der Rollen bewusst, die dich bremsen, kannst du dich auch für etwas anderes, darüber Hinausgehendes entscheiden. Und wenn du das tust, beginnst du, ein wahrer Gentleman in dieser Welt zu werden.

»Ich sollte ...« und »Man erwartet von mir ...«

Es gibt zwei Formeln, die besonders nützlich sind, wenn es darum geht herauszufinden, ob du eine Rolle spielst oder ob du du selbst bist.

Ich möchte dir gern »**Ich sollte** …« und seinen allerbesten Freund »**Man erwartet von mir** …« vorstellen. Denk mal darüber nach … wie oft benutzt du selbst diese Worte? *Ich sollte dies tun. Man erwartet von mir, dass ich das tue.*

Erzeugen diese Formulierungen irgendeine Leichtigkeit in deiner Welt? Oder eher ein Gefühl von Pflicht? Wenn du aus der Perspektive handelst, was du (oder die Menschen in deinem Leben) glaubst, dass du tun »solltest« oder was gerade von dir »erwartet« wird – wie viel Freiheit hast du dann eigentlich?

Was wäre, wenn ein wahrer Gentleman jede Rolle spielen und alles sein kann – aber aus seiner eigenen Wahl und seinem eigenen Gefühl heraus, dass es etwas Größeres kreieren wird, statt aus dem Gefühl von Pflicht und Erwartung?

Wenn du dich in deinem Leben immer entsprechend den Erwartungen anderer Menschen oder deiner eigenen verhältst, wirst du eher der Prügelknabe sein als ein wahrer Gentleman.

Im Grunde zwängst du dich damit in eine ziemlich enge Schublade.

Hallo Wahl! Hallo Raum!

Spielst du all die Rollen, von denen du glaubst, dass andere Menschen sie von dir erwarten, damit du in der Welt ein »guter« Partner, Elternteil, Arbeitnehmer oder Mann bist, dann verlierst du einen der wesentlichen Aspekte eines Gentleman: nämlich Fragen zu stellen und eine Wahl zu treffen.

Warum stellst du dir nicht einfach folgende drei Fragen für … nun ja … für ALLES?

Was würde in dieser Situation das meiste kreieren?
Was würde ich gern kreieren?

Welche Wahl würde ein wahrer Gentleman in dieser
Situation treffen, und wie würde er handeln?

Du kannst nicht den Raum schaffen, um die volle Größe zu sein, die du bist, solange du glaubst, dich nicht für etwas anderes als die Rollen, die du momentan spielst, entscheiden zu können.

Du kannst nicht den Raum schaffen, um die volle Größe zu sein, die du bist, solange du in der Schublade der Erwartungen anderer Menschen (oder deiner eigenen) gefangen bist.

Was, wenn ein Gentleman zu sein nicht bedeutete, sich genau so zu verhalten, wie es die anderen von einem erwarten? Was, wenn ein Gentleman zu sein hieße, in der Welt und deinen Beziehungen auf eine Weise zu handeln, dass stets etwas Größeres kreiert werden kann – für andere wie für dich selbst? Und was, wenn dies in jeder Situation anders aussehen könnte?

Wenn du entscheiden kannst, was für dich funktioniert, fühlst du dich ermächtigt, du hast mehr Spaß im Leben, und deine Beziehungen haben ebenfalls eine Chance zu wachsen!

Zeit, um etwas Magie einzuführen

Ebenso wie diese ganze Reise, ein Gentleman zu werden, als Einladung zu verstehen ist, möchte ich dich auch einladen, das Clearing Statement, den sogenannten »Löschungssatz«, von Access Consciousness zu benutzen oder zumindest kennenzulernen.

Das Clearing Statement ist …, nun – es ist genau das, was sein Name suggeriert. Es ist ein Statement, eine Aussage – eine

Reihe von Worten, die du sprechen kannst, um den vor dir liegenden Pfad zu klären und all das loszulassen, was dich möglicherweise begrenzt, festlegt oder feststecken lässt. Mit anderen Worten: Statt die Standpunkte, die dich begrenzt haben, nur anzuschauen – in der Hoffnung, dass sie sich von allein verändern –, VERÄNDERST DU SIE auf aktive Weise.

Es ist möglich, dass du dir bei dem Versuch, deinen Weg als Mann in dieser Welt zu finden, selbst gewisse Beschränkungen (beziehungsweise Erwartungen, Projektionen und Urteile) auferlegt hast, die dich daran hindern, der Mann zu werden, der du in Wahrheit bist.

Wenn du es zulässt, kann das Clearing Statement eine Schlüsselrolle dabei spielen, dich von diesen begrenzenden Überzeugungen zu befreien – einschließlich jener, von denen du gar nicht weißt, dass du sie mit dir herumschleppst –, indem es sie zerstört und unkreiert[2]. Das Erstaunliche daran ist: Sobald diese Glaubenssätze sich auflösen, ist der Weg frei für neue Möglichkeiten und Erfahrungen in deinem Leben.

Noch einmal: Statt die Standpunkte, die dich begrenzt haben, nur anzuschauen und zu hoffen, dass sie sich allein dadurch verändern werden, VERÄNDERST DU SIE SELBST auf aktive Weise.

Ich weiß, du denkst dir, das kann doch nicht so leicht sein. Ich dachte das Gleiche, als ich das erste Mal von dem Clearing

---

2   Die Übersetzung versucht den teilweise ungewöhnlichen Sprachgebrauch, der für Access Consciousness charakteristisch ist, im Deutschen so wortgetreu wie möglich wiederzugeben: »Unkreiert« steht hier für das englische »uncreate« des Originals. (Anm. d. Ü.)

Statement erfuhr. Doch was wäre, wenn es genau das wäre, was du jetzt tun musst und was dir jetzt zur Verfügung steht?

Du hast nichts zu verlieren, indem du es mal ausprobierst, aber möglicherweise ein ganzes Leben zu gewinnen.

Nähere Betrachtung

Das ist das Clearing Statement: *Right and Wrong, Good and Bad, POD & POC, All 9, Shorts, Boys and Beyonds.*

Ich kann mir gut vorstellen, welches Gesicht du gerade machst, wenn du dies zum ersten Mal liest … Wahrscheinlich denkst du: »Wie bitte?!«

Es ist auch möglich, dass dir der Kopf raucht – und das von ein paar scheinbar willkürlich dahingesprochenen Worten. Eine große Hilfe ist, wenn man das Clearing Statement in einem konkreten Zusammenhang betrachtet – hier also eins in praktischer Anwendung.

Es bezieht sich auf das, was wir weiter oben in diesem Kapitel besprochen haben, und ist das erste Beispiel für ein Clearing Statement, das anzuwenden ich dich einlade.

Was habe ich so lebensnotwendig, wertvoll und real daran gemacht, aus der Schublade der Erwartungen anderer Menschen zu leben, was mich davon abhält, der wunderbare Gentleman zu sein, der ich in Wahrheit bin? Alles, was das ist, zerstörst und unkreierst du das jetzt bitte »gottzillionenfach[3]«? Right and Wrong, Good and Bad, POD & POC, All 9, Shorts, Boys and Beyonds.

---

3 Sinngemäße deutsche Übersetzung von »times a godzillion« des Originals (abgeleitet von »a gazillion times«/deutsch: »x-mal«). (Anm. d. Ü.)

Beachte, dass dem Clearing Statement immer eine Frage vorausgeht. Die Frage ist stets der Anfang des Prozesses – der Punkt, an dem wir unser Wesen für die Möglichkeit der Veränderung öffnen. Sie setzt die eigentliche Energie frei, die in der Möglichkeit der Veränderung steckt. Indem wir von einer Frage ausgehen, bewahrt uns dies vor Schlussfolgerungen und Bewertungen und erlaubt uns, neue Möglichkeiten des Seins in unser Leben zu lassen.

Das Entscheidende ist: Um Neues zu erreichen, müssen wir zuerst mal das Alte »ausmisten«. Wir müssen die veralteten und einschränkenden Schlussfolgerungen, Begrenzungen, Werturteile, Gedanken, Gefühle und Emotionen, an die wir geglaubt haben – in der Regel, ohne uns dessen bewusst zu sein –, ungeschehen machen (oder zerstören) und unkreieren.

Und genau das tut das Clearing Statement. Erkennst du seine Doppelnatur? Benutzen wir es, hebt es all das auf, was uns nicht dient UND kann den Weg freiräumen für mehr von dem, was wir uns tatsächlich wünschen, was wir in Wirklichkeit sind und was uns wahrhaft glücklich macht.

Dieses Clearing Statement ist einer der Schlüssel zum Erfolg, falls du jemals vorhattest, eine dauerhafte Veränderung in deinen begrenzten Ansichten zu kreieren und sie für immer über Bord zu werfen.

Und was bedeuten diese Worte nun eigentlich im Einzelnen?

Right and Wrong, Good and Bad, POD & POC, All 9, Shorts, Boys and Beyonds.

Die Wahrheit ist, du brauchst nicht jedes Element des Clearing Statements zu verstehen; aber mir ist natürlich klar, dass du es versuchen wirst – und das ist auch völlig in Ordnung so –, es bedeutet ja nur, dass du wissbegierig bist und an Veränderung und Fortschritt Interesse hast. Dies ist der Grund, weshalb du hier bist, genau hier, in diesem Moment.

Generell besitzt unser Geist die Tendenz, über eine neue Sache alles wissen zu wollen, um sie wirklich zu »begreifen«, zu verstehen, mit einem Etikett zu versehen, sie zu durchdringen und zu beherrschen.

Um die Wahrheit zu sagen: Der schnellste und aktivste Weg, das Clearing Statement zu verstehen, besteht darin, dass du es benutzt und seine lebensverändernde Wirkung erfährst.

Immer noch neugierig? Dann lass es uns mal in drei Abschnitte unterteilen.

Die Bedeutung hinter den Worten:

- **Right and Wrong, Good and Bad (Richtig und Falsch, Gut und Schlecht)**
  Das steht für deine Werturteile hinsichtlich einer Sache, die du loslassen möchtest (was genau das ist, steht in der Frage, die dem Clearing Statement vorausgeht). Und ja, es ist wichtig, jeden Glaubenssatz und jede Vorstellung loszulassen, die du bezüglich dieser Sache hast – seien sie gut oder schlecht, richtig oder falsch. Einfach alles.

- **POC & POD**
  Point of creation (= der Punkt des Entstehens von Gedanken, Gefühlen und Emotionen unmittelbar vor einer Wahl,

die du dann triffst); *Point of destruction* (= der Punkt der Zerstörung unmittelbar nach deiner Wahl).

Dies erlaubt uns, in der Zeit zurückzugehen bis an den Punkt, an dem eine Glaubensüberzeugung kreiert oder zerstört wurde. Für gewöhnlich haben wir keine Ahnung, wo dieser Punkt liegt; und das Schöne daran ist – wir brauchen es auch nicht zu wissen. Es funktioniert einfach. POC & POD ist eine ebenso schnelle wie elegante Art, all das auszumerzen, was dich daran hindert, die Großartigkeit zu sein, die du bist.

- **All 9, Shorts, Boys and Beyonds**
  Hier wird dein Verstand mit aller Kraft versuchen, wirklich, wirklich, *wirklich* zu verstehen, was diese Worte bedeuten. Kurz gesagt, **All 9** steht für die neun Schichten des Clearing Statements. (Ich war daran beteiligt, diese neun Schichten zu entwickeln, und kann mich selbst nicht mehr an alle erinnern. Du siehst also, man braucht sie nicht unbedingt zu kennen.)
  Shorts steht für das, was bedeutend oder unbedeutend an einer Sache ist, und für die Strafen und die Belohnungen, die damit einhergehen.
  Boys steht für die Sphären, die um den Kern einer Sache herum angeordnet sind – oder auch die Schichten (oder »Zwiebelschalen«) des Themas, zu dem du vorzudringen versuchst.
  Beyonds: Das ist alles, was dich je zum Erstarren gebracht hat – jene Erfahrungen jenseits des Denkens oder Empfindens.

Was geht wohl gerade in deinem Kopf vor? Es ist völlig normal, wenn dir von diesen Worten schwindlig geworden ist. Das verstehe ich. Wenn du allerdings bereit bist, sie in dein Leben zu lassen, kannst du das Leben kreieren, das du gern wählen würdest – und dann, mein Freund, hebst du ab!

Jedes Mal, wenn das Clearing Statement auf einer der Seiten dieses Buches erscheint, lade ich dich ein, es zu lesen und dir laut vorzusagen. Oder, wenn dir das lieber ist, sprich es dir einfach im Geiste vor. Probiere es einfach mal aus. Probiere es und beobachte, ob sich etwas verändert. Denn das könnte der Fall sein.

Erinnere dich: Das Clearing Statement ist **ein Werkzeug, um etwas zu verändern.** Eine Möglichkeit, all das zu zerstören und unzukreieren, was uns nicht dient, was uns feststecken lässt, was uns begrenzt und festlegt.

Probieren wir es am Beispiel unserer Rollen aus

Hier, in diesem Moment und in diesem Kapitel, geht es darum, alle Rollen loszulassen, die wir zu spielen versucht haben und die uns daran hindern, die Großartigkeit zu sein, die wir sind. Wenn du offen dafür bist, lies dir folgendes Clearing Statement einmal laut vor und überprüfe, wie es sich für dich anfühlt:

Was habe ich so lebensnotwendig, wertvoll und real daran gemacht, aus der Schublade der Erwartungen anderer Menschen zu leben, was mich davon abhält, der wunderbare Gentleman zu sein, der ich in Wahrheit bin? Alles, was das ist, zerstörst und unkreierst du es bitte »gottzillionenfach«? Right and Wrong, Good and Bad, POD & POC, All 9, Shorts, Boys and Beyonds.

Wiederhole dies (wenn möglich laut) so lange, bis sich die Energie zu ändern beginnt.

Dann frage dich: »*Habe ich nun mehr Raum, um ich selbst zu sein?*«

Dies, meine Freunde, ist der Anfang einer vollkommen anderen Möglichkeit, ein Gentleman zu sein.

Warum spielen wir Rollen?

Beginnen wir mit den naheliegenden, den augenscheinlichen Dingen, weshalb wir in einer oder mehrerer unserer Beziehungen eine bestimmte Rolle übernehmen.

Wie wir bereits festgestellt haben, hat das Spielen von Rollen viel mit Erwartungen zu tun. Es ist für uns selbstverständlich, dass wir unser Verhalten ändern oder sogar so tun, als wären wir ein völlig anderer Mensch, nur um die Erwartungen der anderen zu erfüllen und in deren Schubladen zu passen.

Wir haben an irgendeinem Punkt und auf irgendeine Weise eine Verbindung geschaffen, indem wir die Tatsache, dass wir nicht in die Schubladen anderer Menschen hineinpassen, damit gleichgesetzt haben, dass wir diese schlecht behandeln, dass wir unfreundlich zu ihnen sind oder sie nicht respektieren.

Wir glauben, wenn wir einmal ganz wir selbst wären und alles herausließen – mal so richtig Dampf ab- und den Gorilla in uns herausließen –, wären wir egoistisch oder jemand, dem andere Menschen egal sind oder der diese nicht respektiert.

Entschuldige – von welchem Gorilla ist hier eigentlich die Rede???

Ups ... – da habe ich ihn doch glatt zu früh eingeführt! Keine Sorge, wir kommen noch auf ihn zu sprechen. Aber mal ganz im Ernst, eines der lieblosesten und respektlosesten Dinge, die wir uns selbst antun können, ist, uns in diese Schublade zu zwängen und darin stecken zu bleiben. Es ist wesentlich destruktiver, sich in diese Schublade zu fügen, als sie zu sprengen oder zu zertrümmern.

Am zerstörerischsten ist es, wenn du versuchst, jemand zu sein, der du nicht bist. **Aber ... jetzt lasse ich die Bombe platzen ...**

Es sind nicht nur die Schubladen anderer, in die wir uns hineinzwängen; es sind genauso unsere eigenen. Die Schublade, in die du eingezwängt bist, hast du vielleicht sogar selbst gezimmert.

Denk einfach mal darüber nach. Ich wiederhole es noch einmal: **Die Schublade, in die du eingezwängt bist, hast du vielleicht sogar selbst gezimmert.**

Überprüfe, wie sich das für dich anfühlt: leicht oder schwer? Vielleicht spielst du eine Rolle oder du hast in deinem Leben eine bestimmte Identität angenommen, weil du – möglicherweise nicht einmal bewusst – an irgendeinem Punkt entschieden hast oder zu dem Schluss gekommen bist, dass es das ist, was andere Menschen und was du von dir selbst von dir erwarten.

Was passiert, wenn du eine Rolle, für die du dich eigentlich entschieden hast, nicht spielst? Na ja, zuerst kommst du dir wahrscheinlich wie ein Versager vor und hast das Gefühl, in jeder Hinsicht verkehrt zu sein. Warum? Weil es gut möglich ist, mein Freund, dass du dich selbst bewertest.

Über Bewertungen und wie man aus diesen wieder heraus-kommt, sprechen wir noch ausführlicher in Kapitel 4; im Moment genügt es, die Möglichkeit in Betracht zu ziehen, dass du einige der Rollen in deinen Beziehungen vielleicht deshalb spielst, weil du es so entschieden hast und du dich selbst zum Versager stempeln würdest, wenn du es nicht tätest.

Nun, ich sagte ja schon, ich käme noch einmal auf den Gorilla zu sprechen. Er wiegt über 350 Kilo und ist in eine Schublade gezwängt, die viel, viel zu klein für ihn ist. Er ist einge-zwängt, er fühlt sich unwohl, er hat nicht genug Platz, um er selbst sein zu können. Womöglich musste er sogar Teile von sich selbst abtrennen, um dort hineinzupassen. (Verrückt, was? – Wenn man bedenkt, dass er vielleicht sogar selbst mitgeholfen hat, die Schublade zu bauen?)

Werfen wir einen Blick auf einige Schubladen, in die wir als Männer in dieser Wirklichkeit uns zu zwängen versucht ha-ben; dabei konzentrieren wir uns diesmal ausschließlich auf die Rollen in unseren Beziehungen zu Frauen beziehungsweise zu dem Geschlecht, von dem wir uns am meisten angezogen fühlen.

Aber zuerst einmal: *Vorsicht!* Ich habe es schon mal gesagt, aber ich will es noch einmal wiederholen: Ein Gentleman zu sein be-deutet nicht, eine weitere Rolle zu spielen. Mit ziemlicher Wahrscheinlichkeit werde ich dich vor Ende dieses Buches noch einmal daran erinnern.

Der Schlüsselbegriff in diesem Zusammenhang lautet: *sein.* **Ein Gentleman sein.** Nicht den Gentleman spielen. Nicht vor-gaukeln, man wäre ein Gentleman, während du insgeheim glaubst, du seist gar keiner. Es geht darum, das Beste zu sein, was du als Mann in dieser Welt sein kannst, was auch immer das für dich heißen mag.

Mach dir keinen Kopf, wenn sich das für dich im Moment noch ein wenig schwammig oder weit hergeholt anhört.

Ein paar typische Schubladen

Kommen wir wieder auf das Gespräch zurück, das ich mit meinem Freund Liam geführt habe und das diese ganze Bewegung rund um den neuen Gentleman ausgelöst hat. Liam fühlte sich hilflos – wie so viele von euch.

Er wollte Orientierungshilfe, wie man in dieser Wirklichkeit ein Mann sein kann, und als er nach Ratschlägen suchte, war alles, worauf er stieß, Tipps, wie man Frauen ins Bett kriegt und dominiert. Kurz: Wie man als Alpha-Mann lebt. Sachen wie: *Wie wird man zum Alpha-Mann: 13 Schritte (mit Fotos)* oder *Wie ist man ein Alpha-Mann: Zehn Merkmale eines modernen Alpha-Mannes.*

Ein Blick ins Wörterbuch beweist: Ein Alpha-Mann ist jemand »*mit der Tendenz zu einer dominanten und alles beherrschenden Rolle in gesellschaftlichen oder beruflichen Situationen*«, und »*die meisten Alpha-Männer haben das Bedürfnis, die Frauen in ihrem Leben zu kontrollieren*«.

Aber was ist, wenn du überhaupt kein Interesse daran hast, Frauen zu dominieren und zu kontrollieren? Was, wenn du auf eine ganz andere Art mit Frauen und der Welt in Beziehung treten möchtest, auf eine Art, bei der es um Liebenswürdigkeit geht und darum, ein Gentleman zu sein?

Wenn der Alpha-Mann für dich keine Alternative ist und du nach etwas anderem suchst, dann bleibt den meisten Männern nur noch das genaue Gegenteil zur Auswahl: das, was ich als »*sensiblen New-Age-Mann*« bezeichnen würde. In diesem Fall bist du ein ziemliches Weichei und tust vor allem das, was die Frauen – und die Welt – von dir erwarten.

Was wäre, wenn es noch etwas jenseits dieses »Entweder-oder« von Alpha-Mann *oder* sensiblem New-Age-Mann gäbe? Was, wenn du einfach *du* sein könntest?

Wir sollten das »Entweder-oder«-Denken ein für alle Mal abschaffen. Ich rede hier nicht nur von Alpha-Mann ODER sensibler New-Age-Mann. Ich lade dich auch dazu ein, dich von Vorstellungen zu lösen wie …

männlich ODER weiblich
sexuell ODER verletzlich
kraftvoll ODER emotional
stark ODER liebenswert,

denn … (und der folgende Satz ist wirklich wichtig) *Bewertungen, Schlussfolgerungen und Ansichten limitieren immer die Kreation und führen zu Trennung.* Es ist ziemlich wahrscheinlich, dass ich dies später im Buch noch einmal wiederholen werde. Also, warum nicht jetzt gleich? *Bewertungen, Schlussfolgerungen und Ansichten limitieren immer die Kreation und führen zu Trennung.*

Wenn wir uns vom Schwarz-Weiß-Denken (beziehungsweise Bewertungen, Schlussfolgerungen oder Ansichten) wegbewegen, entfernen wir uns auch von jenen heimtückischen Orten, wo wir von uns selbst und anderen abgetrennt sind. Wenn du den Zustand der Trennung hinter dir lässt, verfügst du über einen Raum des *Seins,* der dir außerdem viel größeren Zugang zu dem verschafft, was für dich wahr ist.

Und in diesem Raum kannst du so vieles sein. Du kannst mit deinem Partner präsent sein und diesen auch wissen lassen, wenn dir seine Präsenz guttun würde. Du kannst verletzlich und durchsetzungsfähig sein, albern und stur, verrückt und großartig, ohne zu jedem beliebigen Zeitpunkt eine festgelegte Rolle erfüllen zu müssen.

Hier, mein Freund, also meine Frage an dich: *Bist du bereit, die Rollen loszulassen, die ganz und gar nicht das Ergebnis deiner eigenständigen Wahl waren?*

Oder genauer gefragt … *Ist es möglicherweise jetzt an der Zeit für eine neue Rolle?*

Ich verstehe, dass es Angst machen kann, bestimmte Rollen loszulassen, die man lange Zeit gespielt hat. Ich lade dich lediglich dazu ein, an den Punkt zu gelangen, wo du für etwas anderes offen wirst, für eine andere Art des Seins.

Indem du dich der Möglichkeit öffnest, alle Rollen, die dich behindern, loszulassen, wirst du jenen Raum und jene Freiheit um dich herum kreieren, in denen sich wunderbare und erstaunliche Veränderungen ereignen werden. Dinge, die in diesem Moment weit weg und unmöglich erscheinen, nehmen hier ihren Anfang.

Wenn du bereit bist, dich dafür zu entscheiden.
Wenn du bereit bist, dein »Ich tue so, als ob«, »Ich sollte« oder
»Man erwartet von mir« loszulassen.
Wenn du bereit bist, über Bewertungen, Schlussfolgerungen
und Ansichten hinauszugehen.
Wenn du dafür offen bist, all den Raum zu beanspruchen,
den du benötigst, um dein größtes Selbst zu sein.

Weißt du, was? Ich habe noch ein paar weitere Fragen an dich. Du magst dir diese Art von Fragen noch nie zuvor gestellt haben. Schau einfach mal, welche Antworten du darauf findest:

Wenn es nach mir ginge, welche Wahl würde ich treffen?
Wie wäre ich gern?
Wie würde ich mich gern in der Welt zeigen?

Der 350 Kilo schwere Gorilla

Wenn du dir erlaubst, der 350 Kilo schwere Gorilla im Zimmer zu sein, dann nimmst du den Raum ein, den du für dein ganzes Sein benötigst. Es geht nicht darum, dass du der größte, stärkste und muskulöseste Kerl bist – denn, wenn du du bist, brauchst du keine Gewalt anzuwenden oder andere einzuschüchtern, um deine Ansichten deutlich zu machen.

Egal, ob du nun 350 oder 45 Kilo wiegst: Wenn du du selbst bist, hebst du sämtliche Schubladen und Grenzen um dich herum auf, und in der Folge verändert sich die Welt um dich herum und du wirst zum größten »Du«, das du sein kannst.

Und woran erkennst du, dass du du bist? Vor allem daran, dass du Bewunderung und Dankbarkeit empfindest, wenn du den Mann im Spiegel betrachtest – dich selbst.

Aber ... was ist mit den Frauen?

»Pssst, Dain, ich finde das ja alles wunderbar, und natürlich sitze ich auf jeden Fall mit im Boot, wenn es darum geht, sich mal für etwas anderes zu entscheiden, aber bitte verrate mir doch – auf welchen Typ Mann stehen Frauen denn nun wirklich?«

Mein lieber Freund und Mitsuchender – ja, ich verstehe nur allzu gut, warum du das wissen möchtest. Hier ist das Dilemma dieser Frage: Wenn deine Hauptaufgabe darin besteht, den Menschen (Frauen) immer das zu geben, was sie von dir erwarten – wo tauchst DU dann in der Gleichung auf? Du wirst immer in der zweiten Reihe landen.

Dadurch gerätst du in einen Zustand des *»Du solltest«*. Eine Menge *»Man erwartet von dir«* zieht am Horizont auf. Es **beginnt** *dich* **von dir selbst abzuschneiden, denn was zählt, sind nur noch die Bedürfnisse** *all dieser anderen Menschen (Frauen).*

Versuche es stattdessen mal damit: Dreh die Sache einfach um. Statt darüber nachzudenken, *wie du sein solltest,* damit Frauen dich attraktiv finden, überlege dir, *wie du gern in der Welt wärst* und wer dich dann attraktiv fände? Wer würde dich schätzen, wer wäre gern mit dir zusammen, wenn du so bist, wie du gern sein würdest?

Spüre in das Gewahrsein von etwas anderem hinein. Mach dir diesen Raum zunutze – das genügt. **Du genügst.** Im Übrigen: Wenn du dich für das entscheidest, was wahr für dich ist, wirst du auf ganz natürliche Weise attraktiver werden und eine größere Wirkungskraft entfalten.

Sobald du anfängst, neue Möglichkeiten zu begrüßen, geschehen erstaunliche Dinge. Es ist wie bei einem Domino-Effekt: Etwas Neues kommt in deine Welt, und diese neue Sache wird mehr Möglichkeiten und Bewusstsein in sich tragen, deine Wahlmöglichkeiten dehnen sich aus – das, was du sein kannst, wird größer, und was du beisteuern kannst, verändert sich ebenfalls! Einfach so.

Ach ja, und außerdem wirst du vermutlich viel fröhlicher sein!

KAPITEL 3

WÜRDIGE DEIN WAHRES SELBST

Wann immer du beschließt, etwas zu verändern oder von etwas in deinem Leben mehr haben zu wollen, besteht der schnellste Weg, damit diese Veränderung Fuß fasst, darin, dass du heraus-zufinden versuchst, wo du diese Veränderung jetzt schon *bist*. Was wäre, wenn du sie bereits bist?

Stell dir folgende Frage: »*Wo bin ich in meinem Leben bereits ein Gentleman?*«

Du möchtest es konkreter wissen? Überlege dir, was es für dich heißt, ein Gentleman zu sein. Schließt das Liebenswürdigkeit ein? Dass du für deine Belange eintrittst? Dass du dich in Ge-sellschaft der Person, mit der du gerade zusammen bist, wohl-fühlst?

Wählen wir für den Moment nur eines dieser Merkmale aus: die Liebenswürdigkeit. Denke nach und beantworte fol-gende Fragen. Hast du schon jemals …

… einen Menschen liebenswürdig behandelt?
… jene gewürdigt, die deinen Weg gekreuzt haben?
… etwas Positives zum Tag einer anderen Person
   beigetragen?

Vielleicht hast du ja mal hinter einem Menschen im Lebensmittelladen gestanden, der nicht genügend Geld dabeihatte, um seinen Einkauf zu bezahlen. Die Person hatte den Wert der Artikel in ihrem Einkaufskorb unterschätzt und war drauf und dran, einige der Sachen wieder ins Regal zurückzustellen, als du sagtest: »Hey, das geht in Ordnung – ich übernehme das!«, und dann den fehlenden Betrag bezahlt hast.

Oder vielleicht hast du dir Zeit für ein Gespräch mit einem neuen Arbeitskollegen genommen, weil es seine erste Arbeitswoche war und du den Eindruck hattest, er sei ein wenig nervös. Oder du hast jemanden gesehen, der sich mit einer prallen Einkaufstüte abquält, und dich angeboten, sie für diese Person zu tragen. Oder du warst allein zum Essen in einem Restaurant, und anstatt dich über die gestresste Mutti am Nachbartisch aufzuregen, die mit ihren kreischenden Blagen im Clinch lag, hast du ihr einfach zugelächelt.

All dies sind Möglichkeiten, wo du im Leben eines anderen Menschen eine positive, zuvorkommende und würdigende Präsenz gewesen sein magst, und wenn Liebenswürdigkeit für dich zu den Eigenschaften eines Gentleman gehört, dann sind dies alles Erscheinungsformen, wie du in dieser Welt bereits als Gentleman auftrittst.

Eine der größten Schwierigkeiten für uns Männer ist, dass wir in einem ständigen Zustand der Selbstbewertung leben, weil wir glauben, nicht zu genügen. Deshalb nimm dir einen Moment Zeit, um Situationen zu würdigen, in denen du selbst vollauf genügt hast.

> *Wenn wir anerkennen, wo wir bereits stehen,*
> *findet Ausdehnung statt.*

Dies ist eine schnelle, leichte, direkte und effektive Methode für dich, um wirkliche Resultate auf deinem Weg – beziehungsweise deiner Rückkehr – zum Gentleman zu sehen. Es ist so simpel: Erkenne eine Sache an, und du wirst dabei zusehen können, wie sie wächst!

Aufs Würdigen kommt es an

Wenn ich ein Wort wählen könnte, das diesen ganzen Prozess zusammenfasst, oder eine Sache vorschlagen, wie du als Gentleman sein könntest, dann wäre es »Würdigen« – denn ein großer Teil des Gentleman-Daseins dreht sich darum, andere zu würdigen.

Damit ist gemeint, dass du gleichermaßen die Frauen wie die Männer in deinem Leben würdigst und – sofern du welche hast – auch deine Kinder. Außerdem geht es darum, deine Verpflichtungen gegenüber anderen zu würdigen, ebenso wie unseren Planeten und seine Zukunft. Aber nichts davon funktioniert, solange du nicht … (du weißt schon, was jetzt kommt, oder?)

… DICH SELBST würdigst!

Also werfen wir einen Blick auf die wohl wichtigste Beziehung, die du je haben wirst: **die Beziehung zu dir selbst.**

Erlauben, Dankbarkeit und die Würdigung deiner selbst bilden gemeinsam die Grundlage dafür, ein wahrer Gentleman zu sein. Hier eine kleine Randbemerkung: Wenn du das Gefühl hast, die Idee, eine Beziehung zu dir selbst zu haben, sei eher was für Frauen, solltest du dich vielleicht fragen: »*Zu wem gehört das?*«

Oft, wenn wir glauben, etwas drücke bestimmte Knöpfe in uns, sind es in Wahrheit nur all die Menschen um uns herum und deren Ansichten, die wir wahrnehmen. Wie sähe eine würdigende Beziehung mit dir selbst aus? Würde sie mehr Raum und Leichtigkeit in deiner Welt kreieren? Wenn sich das für dich leicht anfühlt, mein Freund, dann ist es schlicht so, dass du dir der Ansichten anderer Leute zu sehr bewusst bist.

Wie viele Ansichten hast du von anderen abgekauft, dass es ein Fehler sei, eine starke Beziehung zu sich selbst zu haben? Alles, was das ist, zerstörst und unkreierst du es bitte »gottzillionenfach«? Right and Wrong, Good and Bad, POD & POC, All 9, Shorts, Boys and Beyonds.

Übrigens meine ich mit »Gottzillion« eine Zahl, die so unvorstellbar groß ist, dass nur Gott sie kennt. Sie ist sozusagen das Doping für unser Clearing Statement. ☺

Wessen Lügen und welche Lügen hast du abgekauft im Hinblick darauf, was es wirklich heißt, ein Mann (und ein Gentleman) zu sein? Alles, was das ist, zerstörst und unkreierst du es bitte »gott-

zillionenfach«? Right and Wrong, Good and Bad, POD & POC, All 9, Shorts, Boys and Beyonds.

Wessen Lügen und welche Lügen machen dich glauben, dass es ein Fehler sei, eine enge Beziehung zu dir als Mann zu haben? Alles, was das ist, zerstörst und unkreierst du es bitte »gottzillionenfach«? Right and Wrong, Good and Bad, POD & POC, All 9, Shorts, Boys and Beyonds.

Wessen Lügen hast du abgekauft, und welche Lügen benutzt du, um dich selbst zu verwirren in Bezug darauf, was es heißt, in dieser Welt ein Mann (und ein Gentleman) zu sein? Alles, was das ist, zerstörst und unkreierst du es bitte »gottzillionenfach«? Right and Wrong, Good and Bad, POD & POC, All 9, Shorts, Boys and Beyonds.

Was hast du so lebensnotwendig, wertvoll und real an der Definition von Männlichkeit in dieser Realität gemacht, dass du jedes Anzeichen, jede Äußerung und jedes Begrüßen des sensiblen Anteils deines Selbst als Fehler, Schwäche oder Bedrohung deiner Männlichkeit ansiehst? Alles, was das ist, zerstörst und unkreierst du es bitte »gottzillionenfach«? Right and Wrong, Good and Bad, POD & POC, All 9, Shorts, Boys and Beyonds.

Auch wenn ich nicht die Absicht habe festzulegen, was ein Gentleman ist, will ich doch so viel sagen: Alles beginnt damit, dass du dich selbst würdigst. Und das beinhaltet, dass du die Person loslässt, die du nicht bist – eben jene Rollen, die wir in Kapitel 2 angeschaut haben –, und annimmst, wer du bist.

Eine weitere Falle, in die Menschen manchmal tappen – und zwar Männer und Frauen gleichermaßen –, ist die Vorstellung, es sei egoistisch, schwach oder selbstgefällig, wenn man eine gesunde und würdigende Beziehung zu sich selbst hat. Ich versichere dir, mein Freund, nichts von alledem stimmt! Vielmehr ist es der Zugang zur Großartigkeit und die Grundlage des Gentleman-Daseins. Spürst du noch immer Widerstand in dir? Dann versuche es mal hiermit:

Wessen Lügen hast du abgekauft und welche Lügen hast du von anderen abgekauft, dass es egoistisch, selbstgefällig oder ein Zeichen von Schwäche sei, dich selbst zu lieben und zu respektieren? Alles, was das ist, zerstörst und unkreierst du es bitte »gottzillionenfach«? Right and Wrong, Good and Bad, POD & POC, All 9, Shorts, Boys and Beyonds.

Wenn du möchtest, dass die Menschen in deiner Umgebung dich würdigen, anerkennen und wertschätzen, lade ich dich ein, der Erste zu sein, der dies tut. Sei du selbst und verändere die Welt. Würdige, anerkenne, nähre und wertschätze dich selbst – dann werden dir die anderen folgen, das garantiere ich dir.

Als ich das erste Mal zu Access Consciousness stieß, war ich sowohl weit davon entfernt, mich selbst zu würdigen, als auch dieser Tatsache gegenüber völlig blind. Gary Douglas leistete eine so wundervolle Arbeit, indem er mir die Augen dafür öffnete, wie entschlossen ich war, alle anderen zu würdigen – besonders in meinen Beziehungen zu Frauen –, und dabei völlig übersah und vernachlässigte, mich selbst wertzuschätzen. Du erinnerst dich sicher noch an die Metapher, die ich in Kapitel 2 gebracht habe: dass man seine eigenen Körperteile abtrennt, um in bestimmte Schubladen zu passen. Das war ich selbst. Ich hatte mich selbst total beschnitten.

Ich habe mich wiederholt dafür entschieden, mit Frauen zusammenzuleben, weil ich glaubte, sie glücklich machen zu können. Ja, dies war mein einziges Ziel: Ich wollte sie glücklich machen. Wenn eine von ihnen nicht glücklich war, habe ich so reagiert: *Okay, hier hast du meinen Arm. Ich hacke ihn für dich ab.*

Es brauchte eine ganze Weile, bis ich bemerkte, dass das mit dem Abhacken nicht funktioniert. Die Frauen, mit denen ich eine Beziehung führte, wurden nie auch nur eine Spur glücklicher, wenn ich ein Stück meines Selbst abtrennte. Doch bevor ich das kapierte, dachte ich einfach, dass ich mit dem, was ich tat, weitermachen müsse – nur noch besser und auf einer größeren und dramatischeren Ebene: *Okay, ich hacke mir mein Bein ab. Das ist ja mehr als ein Arm, das macht dich bestimmt für alle Ewigkeit glücklich. Aber Moment mal – der Effekt hält ja nur zehn Minuten an!*

Schließlich gelangte ich an den Punkt, wo ich wusste, ich musste etwas anderes versuchen. Etwas grundlegend anderes.

Also drehte ich den Spieß um. Ich unternahm den Schritt, mich selbst zu würdigen. Zum ersten Mal überhaupt stellte ich mir die Frage: *Was würde mich eigentlich glücklich machen?* Und endlich lautete meine Antwort nicht mehr: *Wenn ich die Frauen glücklich mache.* Oder wen auch immer. Und wie ich in der Einleitung zu diesem Buch sagte, war das der Beginn einer noch immer andauernden Suche, und ich fing an, mich wirklich selbst zu mögen.

Ich habe dir im vorigen Kapitel eine Reihe von Fragen gestellt. Gehen wir an dieser Stelle noch einen Schritt weiter:

> *Wenn ich ich selbst wäre und ein Gentleman,*
> *wer würde ich sein?*
> *Wenn ich ich selbst wäre und ein Gentleman,*
> *wann würde ich es sein?*
> *Wenn ich ich selbst wäre und ein Gentleman,*
> *was würde ich sein?*
> *Wenn ich ich selbst wäre und ein Gentleman,*
> *warum würde ich es sein?*
> *Wenn ich ich selbst wäre und ein Gentleman,*
> *was würde mir Spaß machen?*

Diese Fragen werden dir wirklich helfen, zum Kern dessen zu gelangen, was wahr für dich ist – als menschliches Wesen und als Gentleman. Allein dadurch, dass du dir die Zeit schenkst, diese Fragen zu erkunden, würdigst du dich.

Was wird es kreieren, was vernichten?

Ein Gentleman zu sein bedeutet auch, dass du imstande bist zu erkennen, ob etwas, das du tust oder zu tun gedenkst, dich selbst würdigt und die Zukunft kreiert, die du dir wahrhaftig wünschst. *Wie das gehen soll?* Na ja … du stellst einfach eine *Frage*. So einfach ist das.

Du kannst deine Frage auf ganz einfache Art stellen:
Wird das [was ich zu tun gedenke] mich selbst würdigen?
Du kannst es aber auch herunterbrechen und konkrete
Fragen stellen:
*Wird dies eine größere Zukunft kreieren? Oder wird es meine
Zukunft vernichten?*
Wenn du dir nicht sicher bist, überprüfe, was sich leichter
anfühlt. Du kannst deine Frage jederzeit noch einmal
stellen:
*Wird diese Wahl die Zukunft, die ich gern hätte, kreieren
oder vernichten?*

Es ist erstaunlich: Allein indem du diese Frage stellst, wirst du
mehr Bewusstheit dafür entwickeln, was wahr für dich ist. Und
du wirst womöglich sogar merken, wie du dich dafür entscheidest, nicht das zu tun, wovon du glaubst, dass du es eigentlich
tun willst. Oder wenn ich hier etwas deutlicher werden darf: *Du
wirst nicht mit der Person ins Bett gehen, von der du glaubst, dass
du wirklich gern Sex mit ihr hättest.*

Und ich sage dir, es hat lange, lange Zeit gedauert, bis ich an
den Punkt gelangte, an dem ich imstande war, auf eine möglicherweise großartige Nacht mit jemandem zu verzichten, der
mit mir ins Bett wollte, weil ich wusste, dass diese Erfahrung
mich selbst nicht würdigen würde. Aber als ich dann tatsächlich darauf verzichtete – wow! Dieses Gefühl, mich selbst voll
und ganz zu würdigen, war einfach der Wahnsinn.

Wie fühlt sich das für dich an? Findest du das total durch-
geknallt? Kannst du dir vorstellen, die Gelegenheit auszuschla-
gen, mit jemandem Sex zu haben, der womöglich unglaublich

attraktiv ist, nur weil du weißt, dass es in keiner Weise etwas zu deiner Zukunft beiträgt?

Ah, jetzt fällt bei mir der Groschen! Die meisten von uns – vor allem wir Männer – vertreten die Ansicht, wenn jemand mit uns zusammen sein möchte, sollten wir uns dem doch bitte schön fügen. Wir lassen lieber über uns entscheiden, als dass wir selbst entscheiden.

Hast du jedoch erst einmal begonnen, dich selbst zu würdigen, wirst du zum Entscheider werden, und du wählst das, was sich auf bestmögliche Weise für dich entwickeln wird.

Tu es trotzdem

Ab und zu, auch wenn es deine Zukunft vermasselt – tu es trotzdem! *Moooment mal …! Wovon redest du da? Was soll ich tun?*

Ganz im Ernst. Wenn du etwas unbedingt und um jeden Preis tun willst, wie groß ist die Wahrscheinlichkeit da überhaupt, dass du an den Punkt gelangst, wo du dir die Frage nach »Kreieren« oder »Vernichten« stellst? Vielleicht stellst du sie ja doch und erkennst, dass etwas deine Zukunft vermasseln wird, aber du hältst weiterhin daran fest – du tust es trotzdem!

Und das ist auch in Ordnung so. Es ist vollkommen in Ordnung, zu genießen. Es ist völlig legitim, sich für etwas zu entscheiden, das deine Zukunft vermasseln kann, sofern du dir bewusst bist, dass du diese Wahl triffst. Du bist dir dessen bewusst und entscheidest dich trotzdem dafür, es zu tun. Das ist sehr ermächtigend, sehr würdigend, und insofern handelst du hier als ein wahrer Gentleman.

Da stehst du nun und bist drauf und dran, dir auf die eine oder andere Weise die Zukunft zu vermasseln. An diesem Punkt angelangt, atme einmal tief durch und stelle dir folgende Frage: *Wie kann ich das für mich und meine Zukunft so leicht wie möglich gestalten? Wie viel Spaß werde ich dabei haben, wenn ich es trotzdem tue?*

Was, wenn du Freude daran haben könntest, auch mal eine Wahl zu treffen, die deine Zukunft vermasselt? Wie wahnsinnig cool wäre das?!

Wenn du bereit bist, dich selbst zu würdigen, machst du dich nicht herunter, wenn du eine Wahl triffst, die zu keinem so guten Ergebnis geführt hat – denn das hieße ja, dass du dich selbst nicht würdigst. Stattdessen sagst du: »Okay, diesmal lief's nicht so toll. Wie kann ich mich in Zukunft anders entscheiden?«

Apropos, wie fühlt sich diese vollkommen andere Art, in der Welt zu sein, für dich an? Ist doch ziemlich aufregend, oder?

Die Freude am Vermasseln

Du bist nicht perfekt, und du musst es auch nicht sein. Es geht niemals um Vollkommenheit, sondern um die Freude an deinen Entscheidungen und die Dankbarkeit dafür, dass du eine Wahl treffen kannst. Selbst wenn diese Wahl die vermeintlich »verkehrte« ist.

Was, wenn ich dir erzählen würde, dass ich Freude daran habe, Dinge zu vermasseln?

Das ist wirklich wahr. Als Teenager hatte ich einen Freund namens Jeff. Ich werde ihm immer dafür dankbar sein, dass er mir diese besondere Lektion erteilte: Es ist völlig in Ordnung, etwas zu verbocken, und noch besser, wenn du, nachdem du etwas verbockt hast, über dich selbst lachen kannst. Dies lernte ich von Jeff, weil er es selbst verkörperte. Er hatte diese wunderbare Art, sich über sich selbst lustig zu machen, und das bewunderte ich wirklich an ihm.

Ich war tatsächlich ein ziemlich ernstes Kind, und schaut man sich die Verhältnisse an, unter denen ich groß geworden bin, wird auch verständlich, warum. Schon mit sechs Jahren war ich wesentlich verantwortungsbewusster als alle Erwachsenen um mich herum – meine Eltern eingeschlossen – und hatte dieses ungeheuer bedrückende Gefühl, ihre Mängel kompensieren zu müssen, indem ich mich um alles und jeden kümmerte.

Als ich auf Jeff traf und seinen Humor und seine Leichtigkeit erlebte, begannen diese Eigenschaften in mir ebenfalls aufzublühen. Sie waren ja immer da gewesen – lagen lediglich begraben unter den Jahren der Verpflichtungen, Ängste und Sorgen.

Eine Bemerkung am Rand: Wenn du dieser ernste Typ bist, ist das völlig okay. Vielleicht hast du, ähnlich wie ich, deine guten Gründe dafür. Vielleicht warst du auch ein Kind, das zu viel Verantwortung übernommen hat, viel mehr, als für ein Kind gut ist.

Ich lade dich ein, dich dafür zu entscheiden, diesen Ernst in dir – der daher rührt, dass du für die, die du liebst, das Beste wolltest – als Stärke anzusehen, als Teil von dir, als eine Qualität, die du besitzt. Und obwohl du als Kind gar nicht über das Werkzeug verfügtest, um alle zu beschützen, hast du mit aller Kraft versucht, für ihre Sicherheit zu sorgen. Erkenne die Stärke, die darin liegt. Selbst wenn andere Menschen deine ernste Art nicht als Stärke ansehen – sobald du anfängst, sie als Stärke zu sehen, spielt es keine Rolle mehr, ob die anderen es tun oder nicht.

Wenn du dich dafür entscheidest, wirst du dich leichter fühlen und auch mehr Freude empfinden. Akzeptiere, dass du ab und an etwas vermasseln wirst. Das tun wir doch alle.

Also – was wäre, wenn du einfach Freude daran fändest? Was, wenn es dir Vergnügen bereitete, auch mal was zu verbocken? Wenn du dich dafür nicht selbst schlecht machen müsstest? *Was, wenn du nicht länger zu beweisen versuchen müsstest, dass du so verdammt perfekt bist?*

KAPITEL 4

SICH VON WERTURTEILEN LÖSEN

Wir haben uns die Wege angesehen, auf denen wir versuchen, uns den Werturteilen anderer Menschen (jenen Schubladen voller Erwartungen) anzupassen, und wir haben kurz davon gesprochen, wie wir manche dieser Schubladen möglicherweise selbst gezimmert oder dabei mitgeholfen haben, sie zu zimmern.

Erkunden wir dieses Problem der Bewertungen jetzt noch etwas genauer, denn das Loslassen von Bewertungen erlaubt es dir tatsächlich überhaupt erst, dich selbst zu würdigen und wertzuschätzen.

Habe ich übrigens schon erwähnt, dass, wenn du dich selbst wertschätzt, andere Menschen dich automatisch ebenfalls wertschätzen werden? Es lohnt sich, dies noch einmal festzustellen, nur für den Fall, dass manche unter euch noch immer glauben, man sei bloß dann wertvoll, wenn einen andere wertschätzen.

Das ist Quatsch! Es beginnt bei uns selbst. Die anderen mögen uns darin dann folgen oder auch nicht. Und wenn sie es nicht tun, ist es auch egal.

Zurück zum Spiegel

Zu Beginn dieses Buches habe ich dich gebeten, dir einmal vorzustellen, du wachst morgen auf, schaust in den Spiegel und magst den Mann, der dir da entgegenblickt. Und ich habe dir gesagt, wenn es eine Sache gibt, die du aus dieser ganzen Erfahrung mitnehmen solltest, wäre es diese: dass du DICH SELBST richtig gern magst.

Gehen wir noch einen Schritt weiter. Stell dir vor, du schaust in den Spiegel und bringst es fertig, dich zu betrachten – und zwar von oben bis unten – und dich dabei kein einziges Mal zu bewerten, weder »positiv« noch »negativ«. Wie wäre es, wenn du in den Spiegel schauen könntest, ohne dein äußeres Erscheinungsbild zu beurteilen oder eine Meinung über die Dinge zu haben, die du irgendwann getan, oder die Entscheidungen, die du getroffen hast?

Stell dir vor, du schaust jetzt gerade in den Spiegel und akzeptierst dich selbst uneingeschränkt, und zwar jetzt, in genau diesem Moment – und nicht, wenn du fünf Kilo weniger auf die Waage bringst, deinen Traumjob gefunden, den idealen Partner getroffen oder aufgehört hast, zwanzig Zigaretten am Tag zu rauchen. Du bist einfach du und erfreust dich deiner selbst, so wie du bist – heute.

Sich selbst vollkommen anzunehmen, so wie man gerade ist, in diesem Moment, ist eine der befreiendsten Erfahrungen, die man machen kann. Es ist eine solche Erleichterung. Es fühlt sich so leicht an. Hast du Lust, es mal auszuprobieren?

Dann geh zum nächsten Spiegel.

Suche dir, wenn möglich, einen Ganzkörperspiegel. Für den Fall, dass du nichts anderes zur Verfügung hast – die Kamera deines Smartphones tut's auch. Betrachte einfach dein Spiegelbild. (Wenn du in der Lage bist, vor einem Spiegel zu stehen und dich selbst nicht zu bewerten, dann bist du der Überflieger, mein Freund!)

Es ist jedoch höchst wahrscheinlich, dass Jahre der Konditionierung sofort eine ganze Ladung an bewertendem Müll in dir hochbringen. Dies könnte sich ungefähr so anhören:

Oje, sieh dich doch bloß an!
Deine Nase.
Du schaust so was von müde aus.
Mein Gott, bist du alt geworden.
Erinnerst du dich noch, wie gut du als Teenager ausgesehen hast?

Und wenn du deinen kompletten Körper in Augenschein nimmst:

Ist das Fett da?
Ist das da etwa noch mehr Fett?
Deine Arme sind viel zu dürr.
Hattest du nicht irgendwann mal so was wie Brustmuskeln?

Und so weiter. Ich hätte diese Liste so lang machen können wie das ganze Buch, weil diese Art von Bewertungen in den Köpfen der meisten Menschen leider massenhaft vorhanden sind. Aber vielleicht bist du nicht wie die meisten Menschen – oder die meisten Männer –, und du schaust in den Spiegel und denkst dir:

Hey, sieh mal einer an!
Warst du beim Bodybuilding?
Dein Bizeps ist ja der Wahnsinn.
Ja! – Spann die Muckis noch ein bisschen.
Die Frauen fahren total auf dich ab.

Nun, ich lade dich ein, auch diese Bewertungen loszulassen, denn es sind nun mal Bewertungen – selbst wenn du glaubst, dass du damit positiv dir gegenüber bist. In diesem Moment, für diese Übung, versuche dich einfach nur zu betrachten und null Schlussfolgerungen daraus zu ziehen, wie du aussiehst oder früher einmal ausgesehen oder dich verhalten oder gehandelt hast.

Versuche es jetzt gleich, und mach dir keine Sorgen (und verurteile dich nicht dafür), wenn es schwierig ist oder zu Anfang gar nicht klappt.

Wirklich, wenn dir diese Übung zu viel ist, ist das auch in Ordnung. Sie kann ziemlich unbequem sein. Betrachte es einfach als eine Möglichkeit für die Zukunft, dass du in der Lage sein wirst, dich anzusehen, ohne dich zu bewerten, und sei es auch nur für einen Moment. *Nicht ganz einfach, was?*

Für viele Männer ist es echt schwierig, sich genau so anzunehmen, wie sie sind, weil sie sich so daran gewöhnt haben, aus einem Gefühl heraus zu leben, das von Scham, Schuld oder Falschsein gekennzeichnet ist.

Wenn du noch all die Werturteile dazunimmst, mit denen Männer von so vielen Seiten konfrontiert werden – über die Art und Weise, wie man selbst sein sollte oder was andere von einem erwarten, ALL DIES –, dann kann es einem als ein Ding der Unmöglichkeit erscheinen, diese ganze Schwere in etwas anderes zu verwandeln.

Wenn du dieses Gefühl hast, lass dir gesagt sein – das ist völlig in Ordnung. Selbst wenn du in diesem Augenblick nicht daran glaubst, dich je so annehmen zu können, wie du bist – ich weiß, dass du es kannst! Ich habe es selbst getan. Männer auf der ganzen Welt tun es, genau in diesem Moment. Wir alle stehen hinter dir.

Aber wir drängen uns dir nicht auf – denn, klar, das würde die Last, die du bereits auf deinen Schultern trägst, nur noch schwerer machen. Und sie war manches Mal schon schwer genug, oder?

Warum diese Schwere?

Wie kommt es, dass du als Mann in dieser Welt einen solchen Rucksack an Werturteilen mit dir herumschleppst? Nun, das ist wirklich wieder eine dieser Fragen à la »*Wo fangen wir an?*«.

Ich will es an dieser Stelle mal ganz weit fassen und mit den beiden großen Hauptursachen beginnen, warum es sein könnte, dass du so leicht in Bewertungen deiner selbst verfällst.

Du warst schon immer anders als die anderen Männer.
Vielleicht liegt es daran, dass dich Fußball, Handball, Rugby oder Alkohol nicht interessieren oder dass du Frauen eben nicht als minderwertig betrachtest. Ich behaupte nicht, dass alle anderen Männer so sind. Ich sage lediglich, es ist ein bestimmtes Klischee, das manche Männer übernehmen. Und wenn du von dieser Art Männer umgeben bist und das Gefühl hast, da passt du nicht hinein – dann ist es ziemlich gut möglich, dass du zu der Selbsteinschätzung gelangst, etwas an dir »stimme« nicht.

Du hattest nie das Gefühl, der Typ Mann zu sein, den Frauen anziehend finden oder mit dem sie zusammen sein möchten.
Du hast nicht den passenden Körper, verdienst nicht genügend Geld, hast nicht die richtigen Bücher gelesen oder fährst nicht das richtige Auto. Woher stammen alle diese Werturteile?

Einige Menschen (darunter auch Frauen) mögen so denken, aber viele, viele tun es eben nicht. Leider werden uns bestimmte Vorstellungen eingetrichtert, was sich Frauen von Männern wünschen und umgekehrt, doch leider sind sie meilenweit von der Wahrheit entfernt, drehen sich vor allem um Materielles und werden dich mit größter Wahrscheinlichkeit davon abhalten, dich selbst zu würdigen. Bitte verbanne dich selbst nicht länger in die zweite Reihe, indem du an Sichtweisen glaubst, die nicht einmal deine eigenen sind.

Wenn wir innerhalb dieser beiden Hauptgründe suchen, stoßen wir auf tausend andere kleine, spezifische Momente des Bewertens. Und nehmen wir diese wiederum genauer unter die

Lupe, finden wir noch viele andere. Es genügt zu sagen, dass es sie gibt – Gründe wie »Du warst schon immer anders als deine Familie« oder »Du bist eben katholisch erzogen worden« *(an dieser Stelle kann natürlich jede andere Religion stehen, innerhalb derer Urteile und Schuld eine besondere Bedeutung haben).*

Jedes Mal, wenn du dich selbst bewertest, scherst du in diesem Moment sozusagen aus deiner eigenen Großartigkeit aus. Punkt! Du unterdrückst in diesem Moment deine eigene Größe. Stell dir vor, was alles möglich wäre, wenn du dies nicht tätest. Stell dir vor, wo du dann hingelangen könntest.

Also, ich bin ja in Ordnung – aber schau dir mal diesen Typen an

Selbst wenn du solche Sätze nicht mehr laut aussprichst, kommen sie dir manchmal noch in den Kopf?

> *Guck mal, sein Wagen –*
> *was ist das denn für eine Schrottlaube!*
> *Schau dir seine Haare an –*
> *was hat der bloß für ein Problem?*
> *Wie kann der sich mit dieser Stimme vor Publikum*
> *zu singen trauen?*

Und erinnere dich daran – auch in Bezug auf Positives können wir bewerten:

> *Wow! – Guck dir seinen Wagen an! Der ist ja der*
> *Wahnsinn.*

Wie stylt der sich bloß die Haare? Sieht umwerfend aus.
Mit der Stimme hat der Typ echt das Zeug zum Superstar.

Es kann schwerfallen, eine positive Äußerung als Bewertung zu erkennen, aber genau das ist sie, weil du dir dadurch ein Ideal erschaffst, an dem du dich misst, und zwar auf beiden Seiten der Medaille – »positiv« wie »negativ«. Werturteile, in welcher Form auch immer, lassen dich niemals frei sein.

Es wird natürlich Momente geben, wo du etwas beobachtest – vielleicht ein bestimmtes Verhalten bei einem Freund – und weißt, es ist ein Jammer, wie er sich verhält, oder er könnte eigentlich viel mehr. Du kannst dir dessen bewusst sein, dass dein Freund sich gerade unfreundlich oder unangemessen verhält, aber du musst dazu tatsächlich keinen Standpunkt haben.

Ein Gentleman handelt aus dem Bewusstsein heraus, welche Möglichkeiten es für jeden einzelnen Menschen in seiner Umgebung gibt – ihn selbst eingeschlossen.

Was geschieht, wenn wir aufhören zu bewerten

Dann sind wir erst mal verblüfft. Wir beginnen zu staunen.

Denn sobald du deine Bewertungen, Sichtweisen und Schlussfolgerungen überwindest – wirst du die Großartigkeit, die du selbst bist. Du beginnst aus Möglichkeiten heraus zu agieren. Du wirst zu einem gewaltigen Beitrag für die Welt.

Und … dann kann dich niemand mehr bremsen, mein Freund. *Dein Höhenflug beginnt!*

Dies ist wirklich wichtig: *Ein Gentleman zu sein ist keine weitere Gelegenheit zur Selbstbewertung.* Ich weiß, du würdest diesen Weg so gern gehen … Doch was, wenn das gar nicht nötig ist?

Wir haben festgestellt, ein Gentleman zu sein bedeutet nicht, dass du eine weitere Rolle spielst. Noch ist es eine neue Messlatte, an der du dich selbst misst. Was, wenn du tatsächlich viel großartiger wärst, als dir in diesem Moment bewusst ist?

Wenn wir neue Informationen erhalten, ist es leicht, uns anhand dieser wiederum zu bewerten – und wahrscheinlich tun wir es auch immer noch anhand der alten. Das ist alles Teil dieser schweren Last, die wir mit uns herumschleppen, und ich lade dich ein, all das loszulassen.

Es ist so einfach, in der Endlosschleife der Bewertungen hängen zu bleiben …

Du vermasselst etwas.
Du bewertest dich dafür.
Dann bewertest du dich dafür, dass du dich dafür bewertet hast, etwas vermasselt zu haben.
Anschließend bewertest du dich dafür, dass du dich dafür bewertet hast, dich dafür bewertet zu haben, etwas vermasselt zu haben.

Und so weiter – endlos. Bitte bewerte dich nicht dafür, dass du dich selbst bewertet hast. Was, wenn du – Bewertungen hin oder her – einfach nur eine Möglichkeit sein könntest?

Was hast du so lebensnotwendig, wertvoll und real gemacht an den Ordnungen und Schemata der Bewertung als Ursprung der Kreation deines Seins in dieser Realität, dass es dich an dem Chaos hindert, ein wahrer Gentleman zu sein – jenseits aller Werturteile –, was eine weitaus größere Realität einladen und kreieren kann? Alles, was das ist, zerstörst und unkreierst du es bitte »gottzillionenfach«? **Right and Wrong, Good and Bad, POD & POC, All 9, Shorts, Boys and Beyonds.**

Das Chaos: Wo die Freiheit ist

Wir sind so sehr daran gewöhnt, von Rollen, Trennungen, Bewertungen und Schlussfolgerungen her zu funktionieren, dass all dieses Neue, so erstaunlich es auch sein mag, möglicherweise ein Gefühl von Chaos in dir erzeugt. Im Gegensatz dazu fühlst du dich mit den moralischen Prinzipien und Absichten, die andere Menschen in Bezug auf dich haben, in einem geordneten Universum aufgehoben, wo du dich nicht darum kümmern musst, das Chaos in den Griff zu bekommen, das oftmals mit einem hohen Maß an Wahlmöglichkeiten und Freiheit einhergeht.

Chaos herrscht dort, wo die Freiheit ist. Du lässt deine Begrenzungen los, und dies versetzt dich in einen Zustand ständiger Bewegung. Das wirklich Erstaunliche an Bewegung ist ihre Schwungkraft, Formbarkeit und Veränderbarkeit. Erst in einem ständigen Zustand von Bewegung – oder Chaos – wird totales Bewusstsein möglich.

Die Schubladen der Realität, wie du sie kennst, beginnen sich aufzulösen, und plötzlich tut sich um dich herum ein Raum auf – absoluter Raum, in dem du wählen kannst, wer und wie du sein möchtest.

Was hast du so lebensnotwendig, wertvoll und real gemacht an den Ordnungsprinzipien, wie man in dieser Realität ein Mann zu sein hat, dass es dich an dem Chaos hindert, ein wahrer Gentleman zu sein, was eine weitaus größere Realität kreieren kann und wird? Alles, was das ist, zerstörst und unkreierst du es bitte »gottzillionenfach«? Right and Wrong, Good and Bad, POD & POC, All 9, Shorts, Boys and Beyonds.

Sei dir bewusst, dass dir zu jedem beliebigen Zeitpunkt Wahlmöglichkeiten zur Verfügung stehen. Und dann ist die einzige Frage, die sich dir als Gentleman stellt: *»Was kann hier das meiste kreieren?«*

TEIL 2

Ein

Gentleman

in der Welt sein

Nehmen wir uns einen Augenblick Zeit, um anzuerkennen, wo wir uns gerade befinden und wohin die weitere Reise geht.

Im ersten Teil dieses Buches lag die Gewichtung ganz besonders auf uns als Individuen. Wir haben uns die Rollen angesehen, die uns behindern; haben begonnen, einiges von unserem Falschsein und unseren Bewertungen zu klären; und wir haben das Schlüsselelement eingeführt – nämlich zu würdigen, wer wir wahrhaft sind. Dies bildet das Fundament für das, wohin uns unsere Reise als Nächstes führen wird.

Der zweite Teil dieses Buches baut auf all dem oben Erwähnten auf, wobei wir uns ansehen werden, wie wir als Gentlemen für uns die Möglichkeiten kreieren können, glücklichere, erfülltere und einen Beitrag leistende Beziehungen mit den Menschen um uns herum zu führen. Egal, ob diese Beziehungen sexueller, platonischer oder familiärer Natur sind, geht Teil 2 dieses Buches der Frage nach, wie du – jetzt, wo du begonnen hast, ihn neu zu entdecken – in der Welt dort draußen der Gentleman sein kannst, der du bist.

Also überlege in diesem Moment einfach mal:

Was ist von hier aus gesehen sonst noch möglich? Was kann ich noch kreieren?

KAPITEL 5

SEXUALNESS UND WAHRE POTENZ

Auch wenn ich nicht definieren möchte, was ein Gentleman ist (erstens, weil wir alle unterschiedlich sind; und zweitens, weil ich dir um alles in der Welt nicht noch einen weiteren Maßstab aufdrücken will, an dem du dich zu messen hast), möchte ich mit dir doch die Möglichkeit teilen, dass **ein Gentleman aus seiner »Sexualness« heraus funktioniert**.

Ich widme der Erkundung dieses Themas ein ganzes Kapitel, weil die Vorstellung, man könne *sowohl* ein Gentleman *als auch* ein sexuelles Wesen sein, in dieser Wirklichkeit ein völlig fremdes Konzept ist – und doch ist es ein entscheidender Teil unserer ganzen Diskussion!

Was genau bedeutet Sexualness?

Sex ist für die meisten Menschen ein wichtiger und in hohem Maß mit Bewertungen verbundener Lebensbereich. Das damit verbundene Ausmaß an Bewertungen kann eine Menge Verwirrung stiften, denn »Sex« bedeutet für jeden von uns etwas vollkommen anderes. Um für dich selbst zu klären, was es mit deiner sexuellen Energie wahrhaft auf sich hat, kann es außerordentlich hilfreich sein, einige der unterschiedlichen Elemente und Energien von »Sex« zu bestimmen. Ansonsten bleibst du in der Diskussion hängen, wie man jemanden ins Bett kriegt – und wirst nicht viel weiter kommen.

Sexualness ist in Wirklichkeit ein Raum des *Seins*. Du bist lebendig, engagiert und mit deinem Körper und der Welt verbunden. *Sexualness ist heilend, fürsorglich, nährend, aufbauend, kreativ, freudvoll, ausdehnend und voll orgasmischer Energie.* Ist dir aufgefallen, dass ich kein Wörtchen über Geschlechtsverkehr verloren habe? Geschlechtsverkehr ist etwas anderes – nämlich lediglich die Vereinigung von Körperteilen. Diese kann zwar die Energien der Sexualness in sich tragen, aber das muss nicht zwangsläufig so sein. Sexualness ist eine Art, in der Welt zu sein – und zwar ständig; und wenn du bereit bist, sie zu sein, wird sie für dich und die Welt zum Geschenk.

Und wie funktioniert ein Gentleman aus der Sexualness heraus?

Eine sehr gute Frage!

Stürzen wir uns gleich auf einige Fragen, die dich möglicherweise zum Thema Sexualness und deren Beziehung zum Gentleman-Dasein umtreiben.

Reden wir also über Sexualness und Geschlechtsverkehr (sprich Sex).

Wie oft ist Sex für dich eine sorgende, nährende, ausdehnende, freudvolle, kreative und orgasmische Erfahrung? Falls es nicht so ist, liegt das häufig am Ausmaß der Bewertungen, von Scham, Schuld, Angst und allen möglichen anderen Dingen, die mit diesem höchst emotionsgeladenen Thema einhergehen.

Oft sind eine Menge von Gefühlen im Spiel, wie Minderwertigkeit oder Überlegenheit, Unzulänglichkeit oder Verkehrtsein – selbst dann, wenn du mit jemandem Sex hast, den du liebst. Wenn du Sex auf diese Weise erlebt hast, lag es womöglich daran, dass du aus *Sexualität* statt aus der Sexualness heraus funktioniert hast. Und zwischen diesen beiden besteht ein Riesenunterschied.

Sexualness ist ein Raum, der du bist – sie ist eine Energie. Sexualität dagegen hat immer etwas mit Bewertung zu tun. (Wie bitte? Ach so, ja: Überprüfe bitte für dich selbst, ob sich das für dich leicht anfühlt.)

Werfen wir jetzt einen genaueren Blick darauf, warum Sexualität etwas mit Bewertung zu tun hat. Wenn du aus der Sexualität heraus funktionierst, ist die Bewertung der Grund dafür, dass dich etwas antörnt. Bei Geschlechtsverkehr aus der Sexualität heraus geht es um Leistung, es geht darum, sich zu beweisen, seine Sache gut hinzukriegen (etwas, was die meisten Humanoiden gleich wieder *abtörnen* wird).

Wenn wir mit der Energie der Sexualität durch die Welt gehen, wollen wir unseren eigenen Wert bestätigt sehen und von anderen zurückgemeldet bekommen, dass wir in Ordnung, gut, perfekt und makellos sind – insbesondere in Bezug auf alles, was mit sexueller Stärke und Attraktivität zu tun hat.

Hast du schon einmal jemanden erlebt, der vollkommen er *selbst* war – ohne Mauern um sich herum, ohne sich beweisen zu müssen, voller Liebenswürdigkeit –, und du fandest diesen Menschen unglaublich attraktiv und einladend? Dann reden wir vom Raum der Sexualness. Geschlechtsverkehr, der mit Sexualness erlebt wird, kann viele unterschiedliche Eigenschaften aufweisen, aber er beinhaltet immer die Energien von Güte, Freundlichkeit, Verletzlichkeit und Kraft. Er kann sowohl für dich wie für deinen Partner zu einem Geschenk der Ausdehnung werden. Wenn du dich mit Sexualness durch die Welt bewegst, macht dich das zu einem ungewöhnlichen und entscheidungsstarken Gentleman, der fähig und entschlossen ist, das Leben anderer Menschen großartiger zu machen – einfach, indem du präsent und DU SELBST bist.

Denn Sexualness ist eine Energie, und wenn du sie wirklich annimmst und ihr erlaubst, durch dich hindurchzufließen, dann ist sie tatsächlich eine Form des Seins. Und obwohl das Wörtchen »Sex« darin vorkommt, geht es bei Sexualness um viel, viel mehr, als nur bestimmte Körperteile zusammenzubringen.

Was kann Sexualness abgesehen von Sex noch alles bedeuten?

Wenn du aus der Sexualness heraus lebst und die Freiheit besitzt, in der Welt *du selbst* zu sein, wird sie auf fabelhafte Weise jeden Bereich deines Lebens erfassen und beeinflussen. Du hast die Fähigkeit, zu heilen, fürsorglich, nährend, ausdehnend, freudvoll, kreativ und orgasmisch zu sein.

Sexualness ist wie eine übernatürliche Kraft – mit ihr wird einfach alles großartiger. Sie ist eine Energie, die dein Leben, deine Kreationen, deinen Körper und jeden, mit dem du in

Kontakt kommst, nährt. Fügst du dem noch die orgasmische Energie hinzu, diese äußerst lustvolle Energie, die das Leben selbst kreiert – dann wirst du zu einer unaufhaltsamen Kraft in der Welt werden.

Wirklich? Ja, wirklich! So ist das. Leckeres Essen, tolle Gespräche, ein atemberaubendes Landschaftspanorama oder einfach nur dieses inspirierende Gefühl von Möglichkeit und Offenheit können orgasmisch sein und den Raum der Sexualness in deinem Leben noch vergrößern.

Aber Sexualness schließt doch auch den Geschlechtsakt ein, oder? Ich kann doch weiterhin Sex haben?

Ja natürlich, doch eins verspreche ich dir – wenn du Sex von der Ebene der Sexualness aus lebst, wird dich das umhauen.

Wo kann man so was lernen? Und wie lebt man aus der Sexualness heraus?

Zuerst einmal, indem du erkennst, dass du sie längst in dir trägst. Du wurdest mit ihr geboren; es geht also lediglich darum, dich erneut mit ihr zu verbinden – du knipst den Lichtschalter einfach wieder an.

Eine der Möglichkeiten, wie du anfangen kannst, aus einer größeren Sexualness heraus zu leben, besteht darin, dass du einfach darum bittest. Versuche es mal hiermit:

Alles, was nicht erlaubt, dass die Energie der wahren Sexualness für dich zur Realität wird, zerstörst und unkreierst du das bitte »gottzillionenfach«? **Right and Wrong, Good and Bad, POD & POC, All 9, Shorts, Boys and Beyonds.**

Wessen Lügen und welche Lügen benutze ich, um die Sexualness zu verringern, die ich wählen könnte? Alles, was das ist, zerstörst und unkreierst du das bitte »gottzillionenfach«? Right and Wrong, Good and Bad, POD & POC, All 9, Shorts, Boys and Beyonds.

Wie viel Spaß, Freude und Frieden habe ich vermieden, indem ich meine Sexualness angesichts der Bewertungen, die andere Menschen über sich selbst und über mich haben, abgelehnt habe? Alles, was das ist, zerstörst und unkreierst du das bitte »gottzillionenfach«? Right and Wrong, Good and Bad, POD & POC, All 9, Shorts, Boys and Beyonds.

»Aber mir geht's doch gar nicht um Sex …«

Das ist völlig in Ordnung – du kannst auch aus der Sexualness heraus leben, ohne deine Körperteile jemals mit denen einer anderen Person zusammenzubringen. Wenn du beginnst, immer mehr diese Energie zu *sein,* und dir statt Sexualität die Möglichkeit eines aus der Sexualness gelebten Sexlebens zur Verfügung steht, wird wahrscheinlich sogar dein Interesse an Sex erwachen. Und wenn nicht – ist das genauso in Ordnung.

Hast du erst einmal Zugang zur deiner Sexualness gefunden und sie angenommen, wirst du merken, dass sie eine unerschöpfliche Quelle ist und du sie in jede beliebige Richtung lenken kannst. Also – so weit unser fiktives Frage-Antwort-Spiel. *Jetzt würde ich DICH gern etwas fragen …*

Wie hältst du es mit dem Thema Selbstwert? Fällt dir das leicht? Viele der Anregungen, die ich später in diesem Kapitel geben werde, lassen sich sehr viel leichter umsetzen, wenn du Dankbarkeit empfindest – und dich würdigst – dafür, wer du wirklich bist. (Und glaube mir – ich spreche da aus Erfahrung.)

Hast du erst einmal damit begonnen, dich selbst wertzuschätzen, wirst du nicht länger aus der **Bedürftigkeit** heraus funktionieren, die die Sexualität (und so viele andere Dinge) antreibt. Dies zu überwinden ist ein gewaltiger Schritt auf dem Weg, wirklich die Freiheit zu besitzen, du zu sein und aus der Sexualness heraus zu funktionieren, die dein Leben in so vielfältiger Hinsicht erweitern kann. Versuche es doch mal hiermit:

Welche Energie, welcher Raum und welches Bewusstsein kann ich sein, um die Sexualness, die ich wahrhaftig bin, in vollkommener Leichtigkeit zu sein? Alles, was dies behindert, zerstörst und unkreierst du das bitte »gottzillionenfach«? Right and Wrong, Good and Bad, POD & POC, All 9, Shorts, Boys and Beyonds.

Ein wahrer Gentleman lebt aus der Sexualness heraus

Kurze Erinnerung: Das bedeutet nicht, dass ein wahrer Gentleman ganz viel Sex haben muss, sondern dass er sich selbst erlaubt, die ENERGIE der Sexualness zu SEIN.

Im Grunde läuft alles wieder auf die »Entweder-oder«-Geschichte hinaus. Ich bin der festen Überzeugung, dass wir *sowohl* sexuell *als auch* ein Gentleman sein können.

Ebenso wie wir voll sexueller Kraft und liebenswürdig sein können, stark und nährend, mächtig und verletzlich. Ein wahrer Gentleman lebt tatsächlich aus der Sexualness heraus. Dabei dreht sich alles um Einbeziehung und Ausdehnung. Sie erweitert deinen Horizont, deine Erfahrungen und verstärkt deine Verbindung mit dir selbst und anderen.

Man hat uns beigebracht, dass wir uns als Männer in dieser Welt von unserer Sexualness abschneiden müssen, um ein seriöser und verlässlicher Typ zu sein. Wir haben unsere Sehnsucht, uns miteinander zu verbinden, unterdrückt und die spielerische Energie und die Neugierde, die wir als Kinder besaßen, abgeschnürt, weil man die Energie der Sexualness in unserem jetzigen Leben als Erwachsene als etwas Schlechtes oder gar »Verkehrtes« interpretieren könnte.

Bitte sei dir bewusst: Die Sexualness kann nie etwas Verkehrtes oder Böses sein, und schon gar nichts Bedrohliches.

Während ich dieses Buch schreibe (2017/2018), tauchen überall in den Medien Meldungen darüber auf, dass eine beträchtliche Anzahl von Männern in den höchsten Positionen ihre Macht und ihren Einfluss missbraucht haben, um Frauen (und Männer) dazu zu nötigen, mit ihnen ins Bett zu gehen.

Diese Individuen leben nicht aus der Sexualness heraus. Sie benutzen ihren Status, um sich das zu nehmen, wonach ihnen der Sinn steht, ohne Rücksicht auf ihre Opfer; und ihr Verhalten ist ganz bestimmt weder heilend noch fürsorglich oder nährend.

Ich erwähne das an dieser Stelle, weil jetzt möglicherweise manche von euch denken, wenn sie ihre Sexualness akzeptierten, wären sie genau wie diese Männer – und missbrauchten ihre Macht, um sich das zu nehmen, wonach ihnen der Sinn steht.

Das Gegenteil ist der Fall. Denn diese Männer sind keine Gentlemen, sie sind auch keine Humanoiden, Suchenden oder Pferdemenschen. Genau das hat uns ja überhaupt erst in all die Schwierigkeiten gebracht! Liebenswürdige und fürsorgliche Gentlemen wie du – ihr habt euch so darauf eingeschworen, liebenswürdig zu sein, dass ihr bereit wärt, euch von eurer Sexualness abzuschneiden, nur damit diese nicht als etwas missverstanden wird, wodurch Frauen *und* Männer nicht gewürdigt werden.

Lass dir gesagt sein: *Du bist nicht verkehrt, nur weil sie verkehrt sind.*

Wenn du deine Sexualness beschneidest, setzt dies nur die sexuelle Realität der fehlenden Alternativen fort, in der wir uns bis dato befinden. Entscheidest du dich hingegen dafür, die Sexualness zu sein, die du bist, eröffnet dies der Welt eine völlig andere Möglichkeit, als wir sie je erlebt haben.

Warum habe ich sie dann abgeschaltet?

An diesem Punkt werden sich manche von euch fragen: Warum um alles in der Welt habe ich dann meine Sexualness abgeschaltet? Der Grund dafür lässt sich in einem Wort zusammenfassen: *Scham.* Nun gut, ich werde an dieser Stelle etwas persönlicher werden. Versetze dich zurück in die Zeit, als du noch jünger warst, ein Teenager oder vielleicht auch ein paar Jahre früher. Erinnerst du dich noch an die ersten Regungen und Zuckungen, die du verspürtest, wenn du jemanden attraktiv fandest oder eine bestimmte Situation als sexuell anziehend empfunden hast?

Wie fühlte sich das an? Ich meine jetzt nicht körperlich, damals, in diesem Moment – klar, das war wunderbar –, sondern danach?

Wahrscheinlich war es verwirrend und irritierend, und wenn dem so war, ist das kein Wunder – denn das alles war sehr, sehr neu für dich und möglicherweise hatte dich niemand darauf vorbereitet. Doch sobald die erste Verwirrung nachgelassen hatte, fühltest du dich da noch immer wirklich gut in Bezug auf diese Gefühle und körperlichen Reaktionen, wann immer sie auftauchten? Konntest du es völlig entspannt sehen und akzeptieren? Konntest du mit deinen Eltern darüber reden? Oder kam noch etwas anderes mit ins Spiel – ein Gefühl von Verlegenheit, Peinlichkeit, Scham?

Wenn du so warst wie die meisten Teenager auf dieser Welt und sich deine Familie verhalten hat, wie sich so viele Familien in der Vergangenheit verhalten haben und es noch immer tun, dann hast du dich vermutlich ziemlich geschämt für diesen ganz natürlichen und keineswegs verkehrten Impuls, deinen Körper auf diese Weise kennenzulernen.

Ob man es dir nun direkt oder indirekt zu verstehen gegeben hat – du hast die Botschaft, dass dein Körper, deine sexuelle Energie und deine Sexualness nicht in Ordnung oder akzeptabel seien, gespürt und in dich aufgesogen. Und als Folge davon hast du diese Seite deiner selbst heruntergefahren und die damit verbundene Energie abgeschaltet. Der Gedanke, frühe sexuelle Erkundungen seien etwas Schlechtes, ist nur ein Beispiel dafür, wie dir die Energie der Sexualness durch Gefühle von Scham ausgetrieben worden sein könnte.

Es gibt massenweise Gründe dafür, warum dies geschehen kann und warum diese Gefühle, dass etwas verkehrt oder schlecht ist, so stark werden und sich so echt anfühlen. Vielleicht hast du die Vorstellungen deiner Eltern wahrgenommen, dass Sexualness etwas Schlechtes ist, oder die Sichtweisen und Meinungen anderer Familienmitglieder, Gleichaltriger oder mit wem auch immer du in Kontakt gekommen bist: die Gesellschaft im weiteren Sinne, die Medien …

Bist du bereit, dieses Gefühl von Scham loszulassen? Wenn ja, dann versuche es mal hiermit:

Wessen Lügen und welche Lügen hast du übernommen und verwendest du noch immer, um die Sexualness, und die Tatsache, dass du einen Penis besitzt, als etwas Schlechtes zu empfinden? Alles, was das ist, zerstörst und unkreierst du das bitte »gottzillionenfach«? Right and Wrong, Good and Bad, POD & POC, All 9, Shorts, Boys and Beyonds.

Lass dies so oft laufen, wie es für dich notwendig ist. (Ein Tipp: Vielleicht musst du dieses Clearing mehrmals laufen lassen, womöglich ein paar Hundert Mal, denn hier handelt es sich um ganz tief verwurzelte Dinge, die wir klären.)

Diejenigen unter euch, die das Gefühl haben, mit ihnen stimme etwas nicht, weil ihr Sexualtrieb nicht dem ihrer Altersgenossen oder der Partner, mit denen sie zusammen waren, zu entsprechen scheint, lade ich ein, es mit Folgendem zu probieren:

Alle Vorwürfe, die du dir gemacht hast, weil du keine sonderlich große Lust auf Sex hattest, weil du kein Verlangen danach verspürtest oder es dich nicht verlangte, Frauen oder Männer zu besitzen, und all die Vorwürfe, die du dir gemacht hast, weil du besonders sexhungrig warst, jeden und alles besitzen und ins Bett kriegen wolltest – Männer, Frauen, was auch immer –, und all die Lügen, mit denen du dies im Zaum zu halten versucht hast, zerstörst und unkreierst du das bitte »gottzillionenfach«? Right and Wrong, Good and Bad, POD & POC, All 9, Shorts, Boys and Beyonds.

In der Tat haben wir in dieser Wirklichkeit die Sexualness abgeschaltet – Sexualität dagegen … ja, die akzeptieren wir in gewisser Weise als die Norm, sie wird von uns fast schon zelebriert. Und warum? Weil wir, was Sex angeht, drei ziemlich große Mythen beziehungsweise begrenzende Standpunkte übernommen haben. Sehen wir uns diese einmal an:

Standpunkt Nr. 1: Potenz bedeutet ausschließlich, dass man jemanden ins Bett kriegt.
Ja klar, wenn du jemanden ins Bett kriegst, ist das ein Beweis deiner sexuellen Kraft. Mit je mehr Leuten du ins Bett gehst, umso potenter bist du. Wenn du mit mehr Personen geschlafen hast als andere Männer deines Alters, dann bist du der Potenteste von allen.

Überleg mal, welcher Schaden durch diesen Standpunkt angerichtet wird. Wenn du jemand bist, der nicht unbedingt auf wahnsinnig viel Sex steht (oder vielleicht überhaupt keinen Sex haben möchte), aber ständig diese Botschaften hörst, dass sich dein Wert als »echter« Mann in dieser Welt danach bemisst, mit wie vielen Menschen du ins Bett gehst – dann wirst du dich natürlich als »weniger als andere«, verkehrt oder minderwertig empfinden.

Oder du möchtest Sex haben, aber aus welchen Gründen auch immer hast du nur sehr wenig davon – auch dann kann es sein, dass du dich selbst als unzulänglich empfindest. Du erhöhst den Druck auf dich selbst und wirst dich in vielerlei Hinsicht – da kommt es schon wieder! – als *verkehrt* empfinden.

Denn diesem Standpunkt zufolge ist nur derjenige ein erfolgreicher Mann, der Sex hat. Und dabei ist ganz egal, welche Art von Sex dieser Mann hat, wie seine Beziehungen aussehen – hier geht es ausschließlich um Quantität. Und das bringt uns auch schon zu:

Standpunkt Nr. 2: Jemand möchte Sex mit mir haben. Da muss ich wohl mitmachen.
Keine Frage, oder? Schließlich musst du ja was für deine Statistik tun! Es spielt auch keine Rolle, ob du sie (oder ihn) besonders attraktiv findest – vielleicht hat sie ja auch einen Partner oder du hast eine Partnerin, oder es ist spät und eigentlich bist du ja müde. Aber du musst diese sexuellen Kontakte um jeden Preis akkumulieren, denn jeder einzelne ist eine Münze, die du in jenes Sparschwein wirfst, auf dem steht: »Ich bin ein Potenzprotz!«

Oder – hier ist eine andere Variante, wie die Sache laufen könnte: Du bist nicht der Typ, der so sehr auf seine magische Zahl fixiert ist. Dir ist klar, dass die Anzahl von Menschen, mit denen du im Bett warst, keinerlei Auswirkungen auf dein

Selbstwertgefühl hat. Aber … da steht sie plötzlich: diese umwerfend schöne und verführerische Frau, die dir ohne Umschweife zu verstehen gibt, dass … – Ja, ganz unmissverständlich. Sie fährt total auf dich ab, und sie lässt es dich wissen. Da musst du einfach mitmachen, oder? Obwohl du dieses nagende Gefühl nicht loswirst, dass das aus irgendeinem Grund – den du nicht in Worte zu fassen vermagst – nicht die beste Entscheidung wäre. Aber du machst es trotzdem, stimmt's?

Natürlich musst du das! Also gehst du mit ihr ins Bett. Denn tätest du es nicht, hieße das ja, dass du, gemessen an den sexuellen Wertmaßstäben aller anderen, kein »ganzer Kerl« bist.

Standpunkt Nr. 3: Sex und Begierde sind etwas Schlechtes.
Zugegeben, das scheint auf den ersten Blick nicht besonders viel Sinn zu machen. Wie soll dieser Standpunkt in dieselbe Kategorie gehören wie die beiden anderen, die wir gerade untersucht haben? Weshalb sollten Sex und Begierde etwas Schlechtes sein, wenn sich doch jeder so darauf konzentriert?

Ein paar Seiten zuvor habe ich von der Scham gesprochen, die du möglicherweise empfunden hast, wenn du dich deinen frühen Sehnsüchten hingegeben hast. Nun, all das hat seinen Ursprung.

Ich selbst habe ab einem sehr frühen Alter eine gewaltige Menge Scham empfunden. Ich wurde als männliches Wesen in eine Familie hineingeboren, in der in erster Linie Frauen wertgeschätzt wurden. Außerdem wurde ich von Frauen heftig missbraucht, die Männer hassten und der Überzeugung waren, diese seien die Quelle aller Probleme auf der Welt. Obwohl sie mich schlugen, um mir auch körperlich klarzumachen, dass

Männer schlecht sind, kamen sie niemals auf die Idee, dass sie genau das mit mir machten, wovon sie behaupteten, dass die Männer es den Frauen antaten. Total verwirrend, oder? Das Ergebnis war ein Gefühl von Scham und die Abkopplung von meinem eigenen Körper, meiner sexuellen Energie *und* meiner Sexualness.

Und leider kursieren in der Welt da draußen auch eine ganze Menge Botschaften, die besagen, dass das Vergnügen um des Vergnügens willen etwas Schlechtes sei. Geschlechtsverkehr ist in Ordnung, wenn er dazu beiträgt, deine magische Zahl weiter zu vergrößern oder für Nachkommen zu sorgen, aber die freudvolle, ausdehnend nährende Energie der Sexualness zu begrüßen – nein, Pech gehabt, das können wir nicht akzeptieren.

Wir könnten jetzt Zeit und Energie darauf verwenden, uns anzusehen, warum sich das in unserer Welt so entwickelt hat – oder wir können uns anschauen, wie wir all dies überwinden können. Aber wenn wir unser Augenmerk darauf richten, die Standpunkte und Sichtweisen anderer Menschen zu ändern, führt dies nur selten zu dem Ergebnis, das wir uns wünschen. Ein Gentleman ist bereit, Dinge zu verkörpern, auszuprobieren und in die Tat umzusetzen, die andere Menschen eben nicht zu tun gewillt sind.

Deshalb lass uns darüber reden, wie *du* – als der Gentleman, der du wahrhaft bist – infolgedessen etwas anderes in deinem Leben und in der Welt kreieren kannst. Unterhalten wir uns darüber, wie wir die Energie der Sexualness wahrhaftig annehmen können, und sehen wir uns ein paar *neue Möglichkeiten* an:

Neue Möglichkeit Nr. 1: Bei »Potenz« geht es tatsächlich nur darum, mich selbst zu würdigen und wertzuschätzen.

Diese Möglichkeit ist ziemlich einfach. Ich lade dich ein, die traditionellen Vorstellungen von Männlichkeit zu vergessen. Du musst nicht den Alpha-Mann markieren, um stark zu sein, oder jeden anderen Mann im Umkreis von 50 Metern dominieren, um »männlich« zu wirken, oder mit einer Menge Frauen schlafen, um potent zu sein.

Wahre Potenz entsteht, wenn du eine tiefe, echte und authentische Wertschätzung für dich als DU SELBST entwickelst, wenn du der Energie der Sexualness erlaubst, frei zu fließen, und alle Bewertungen dir und anderen gegenüber loslässt.

Wenn du an diesen Punkt gelangst, verleihen dir das Selbstvertrauen und die Leichtigkeit, die du verströmst, eine Kraft, die ihresgleichen sucht – und es ist eine mühelose und angenehme Kraft, bei der es nicht ums Gewinnen geht, um irgendwelche Zahlen, ums Geld oder was andere Menschen von dir denken.

Es ist etwas, das aus dir selbst kommt, etwas, das deinem Innersten entspringt und deine Welt einem erstaunlichen und dynamischen Wandel öffnet. Andere Menschen werden es erkennen und spüren und darauf reagieren.

Neue Möglichkeit Nr. 2: Jemand will mit mir Sex haben, aber ich kann Nein sagen.

Du kannst in der Tat Nein sagen. Das Schöne daran, wenn du die neue Möglichkeit Nr. 1 in dein Leben lässt, ist, dass sie ein wirkliches Verständnis dafür mit sich bringt, dass Sex, und wie viel du davon kriegst, nicht länger ein Maßstab für dein Selbstwertgefühl sein muss. Und dies erlaubt dir, die neue Möglichkeit Nr. 2 in dein Leben zu lassen.

Erinnerst du dich an das Beispiel, das ich ein paar Seiten zuvor erwähnt habe, von der wirklich heißen, attraktiven Person, die mit dir ins Bett will? Der gegenüber du das Gefühl hattest, nicht Nein sagen zu können, obwohl du nicht das gleiche Verlangen wie sie empfandest und obwohl etwas in dir genau wusste, dass es nicht die beste Entscheidung wäre?

Kannst du dir vorstellen, dich dieser Person tatsächlich zu entziehen?

Ist dir erst einmal bewusst, dass du potent und stark bist, unabhängig davon, mit wem und wie häufig du mit jemandem ins Bett gehst, dann lassen sich von dieser Erkenntnis alle Arten von Möglichkeiten ableiten; und diese Möglichkeiten schließen ein, dass du bestimmte Dinge eben *nicht* tust.

Nebenbei bemerkt, denke bitte nicht, ich will dich von irgendwelchen wirklich großartigen Erfahrungen abhalten – ganz und gar nicht!

Ich weise dich nur darauf hin, dass sobald du dich selbst wertschätzt, du womöglich beginnen wirst, einige Entscheidungen zu treffen, die dein Leben erweitern werden – so überraschend und weit hergeholt dir dies in diesem Moment auch erscheinen mag.

Ich habe wirklich lange Zeit gebraucht, um diese neue Möglichkeit in mein Leben zu lassen. Immer wieder lernte ich eine Frau kennen, fand sie unglaublich anziehend – und wusste zugleich tief in meinem Innern, dass die Option, mit ihr ins Bett zu gehen, mich in keiner Weise selbst würdigen würde. Dann stellte ich mir diese Frage: *Wird dies meine Zukunft kreieren oder sie vernichten?* Doch selbst wenn mir mein Instinkt – laut und deutlich – sagte: »Es wird deine Zukunft vernichten! Es wird deine Zukunft vernichten!«, tat ich es häufig trotzdem. Nach der Affäre blieb ein komisches und unangenehmes Gefühl zurück, so als hätte ich vielleicht doch besser auf meine innere Stimme gehört.

Ich will damit nicht sagen, dass es ganz furchtbar war, diese Erfahrungen gemacht zu haben – nein, definitiv nicht –, und es gibt auch keinen Grund, weshalb ich mich dafür als schlechten Menschen verurteilen müsste – aber ich habe mich selbst nicht genug geachtet. Schließlich schaffte ich es, mich einer Situation zu entziehen, von der ich wusste, dass sie mich in keiner Weise würdigen, sondern im Gegenteil meine Zukunft zugrunde richten würde: *Wow! Das fühlte sich einfach großartig an!*

Neue Möglichkeit Nr. 3: Ich lasse Sexualness und Verlangen zu, akzeptiere, zelebriere sie und betrachte sie als Geschenk.
Stell dir mal eine Gesellschaft vor, in der niemand für sein sexuelles Verlangen kritisiert wird. In der Jugendliche wissen, dass die neuen, lustvollen Empfindungen, die sie erleben, etwas völlig Normales und Erwünschtes sind – dass alle anderen Menschen sie genauso erleben, sogar ihre eigenen Eltern. Und weil ihre Eltern den Schalter zu ihrer eigenen Sexualness nicht auf »Aus« gedrückt haben, vermitteln sie ihren Sprösslingen in Bezug darauf auch nicht das Gefühl, dass daran etwas »verkehrt« sei. Und niemand bewertet jemand anderen aufgrund seiner sexuellen Orientierung, Wahlmöglichkeiten oder Energien. Und selbstverständlich bewerten auch wir selbst uns nicht.

Willkommen bei der neuen Möglichkeit Nr. 3 – *wo die Se-xualness einen Raum des Seins verkörpert, der heilend, fürsorg-lich, nährend, freudvoll, produktiv, ausdehnend, kreativ und or-gasmisch ist.*

Ich möchte dich als Gentleman dazu einladen, die Möglich-keit und das Potenzial hiervon wirklich anzunehmen. Ein Gent-leman, der aus seinem vollen Potenzial heraus lebt, kreiert neue Möglichkeiten – und das ist etwas, was du voll und ganz genießen wirst. Es ist erstaunlich: Indem du dich dafür öffnest, lädst du andere dazu ein, mit dir gemeinsam diese Freude und Sexualness zu erleben.

Wenn du den Weg wirklich klären willst, um die Energie der Sexualness wieder in dein Leben zu lassen, dann versuche es hiermit:

Alles, was du getan hast, um die Sexualness auszuschalten, zu bewerten oder dich aufgrund ihrer bewerten zu lassen, als wärst du ein schlechter Mensch, weil du sie in dir trägst, oder als wür-dest du dadurch zu einem schlechten Menschen werden, und all die Lügen, die diese Standpunkte kreieren – zerstörst und un-kreierst du das bitte? Right and Wrong, Good and Bad, POD & POC, All 9, Shorts, Boys and Beyonds.

Werkzeuge für neue Möglichkeiten

Ich möchte an dieser Stelle zwei entscheidende Werkzeuge ein-führen, die dir helfen können, den Weg zu diesen neuen Mög-lichkeiten zu beschreiten.

Werkzeug Nr. 1: Fragen, die du dir stellen kannst, bevor du mit jemandem Sex hast

Wenn du dich selbst im Standpunkt Nr. 2: *Jemand möchte Sex mit mir haben. Da muss ich wohl mitmachen* wiedererkannt hast, dann brauchst du vielleicht ein klein wenig Hilfe, um dessen Gegenteil, Neue Möglichkeit Nr. 2: *Jemand will mit mir Sex haben, aber ich kann Nein sagen,* auszuprobieren.

Wir haben davon gesprochen, dass die Entscheidung, ob du mit jemandem ins Bett gehst, in der Tat ganz eng damit zusammenhängt, ob du die Möglichkeit akzeptierst, dich wahrhaft zu würdigen und wertzuschätzen, oder nicht. Hier also einige Fragen, die du dir stellen kannst, bevor du deine Wahl triffst – sie werden dir dabei helfen, die Dinge klarer zu sehen.

1. *Wird es leicht sein?*
2. *Wird es Spaß machen?*
3. *Werde ich dabei etwas lernen?*
4. *Werde ich danach glücklicher sein?*
5. *Werden wir beide dankbar dafür sein?*

Falls es schnell gehen muss, kannst du all das auch einfach mit folgender Frage abkürzen: *Wird diese Wahl meine Zukunft vernichten oder sie kreieren?* Ich lade dich ein, darauf zu hören, was dir dein Bewusstsein, dein Bauchgefühl, dein Instinkt – oder wie immer du es nennen willst – sagt, während du dir diese Frage(n) stellst.

Natürlich kann es sein, dass du die meisten der Fragen (oder vielleicht sogar alle) mit »Nein« beantwortest und dich dann trotzdem ins Abenteuer stürzt und »Ja!« sagst zum Sex – und niemand hier wird dich dafür verurteilen, also bitte tu es selbst auch nicht. Es genügt, wenn du dir bewusst bist, dass du dich diesmal selbst nicht so sehr gewürdigt hast, wie du es hättest tun können, und dich der Möglichkeit öffnest, beim nächsten Mal eine andere Wahl zu treffen.

Also, bist du bereit, dich für etwas anderes zu entscheiden? Bist du bereit, dich für heilende, fürsorgliche, nährende, freudvolle, produktive, ausdehnende, kreative und orgasmische Erfahrungen zu öffnen – die einen positiven Beitrag leisten werden zu deinem Leben, deiner Energie und deiner Zukunft? Dies kann auch einschließen, dass du Ja sagst zu der Möglichkeit, mit jemandem Sex zu haben, wenn dies dein Leben erweitert und ausdehnt. Und je häufiger du diese Fragen stellst und dich selbst würdigst, desto mehr wirst du merken, wie sich der Typ Mensch, den du dir zum Sexpartner wählst, ebenfalls ändert. *Wie kann es jetzt noch besser werden?*

Werkzeug Nr. 2: Deine Ansicht kreiert deine Realität
Während eines unserer YouTube-Gespräche zum Thema *Rückkehr des Gentleman* diskutierten Liam und ich darüber, wie viel mehr Möglichkeiten einem als Gentleman doch zur Verfügung stehen, wenn man erst einmal damit aufgehört hat, die Zahl der Menschen, mit denen man im Bett war, als ein Maß zur eigenen Wertschätzung zu betrachten.

Ich hatte außerdem gesagt, dass man, wenn man die fünf Fragen stellt, die wir uns gerade angesehen haben, beginnen wird, sich für Erfahrungen mit Frauen zu entscheiden, die es genießen, mit einem zusammen zu sein, und echte Dankbarkeit für einen empfinden. Postwendend antworteten mehrere

Männer, sie hätten ernsthafte Zweifel daran, dass es solche Frauen gäbe.

Hattest du jemals dieses Gefühl? Hast du je daran gezweifelt, dass es Frauen gibt, die es genießen, mit dir zusammen zu sein, und wirklich dankbar dafür sind, dass es dich gibt? Ich möchte dir daher ein weiteres Werkzeug vorstellen, aber in Wirklichkeit ist es viel, viel mehr als ein Werkzeug – *es ist eine Veränderung deiner Sicht auf die Welt.*

Wenn du es zulässt, wird sich diese Veränderung auf wahrhaft phänomenale Weise in deinem Leben auswirken. Du solltest wissen, dies ist eine wirklich andere Art und Weise, in der Welt zu sein; wenn du also zum ersten Mal davon hörst, kann es sein, dass du zunächst ein wenig skeptisch reagierst.

Falls das geschieht, lade ich dich ein, es trotzdem zu benutzen. Übrigens werden wir dieses Werkzeug im Verlauf des Buches noch weiter erkunden. Im Moment probiere die Möglichkeit einfach aus. Versuche es mal mit der Vorstellung, dass *deine Ansicht deine Realität kreiert.*

Was ich damit meine, ist: All deine Gedanken, Gefühle und Wahrnehmungen kreieren die Welt, in der du lebst, und die Erfahrungen, die du machst.

Die Realität kreiert nicht deine Ansicht; deine Ansicht kreiert deine Realität. Wie fühlt sich diese Aussage für dich an? Leicht oder schwer?

Wie wäre es, wenn deine Gedanken, Gefühle, deine Sprache und deine Wahrnehmungen die Welt um dich herum und alles, was in deinem Leben auftaucht, kreierten? Wenn dem so wäre, wäre es dann nicht ebenfalls logisch, dass **du ganz andere**

Typen von Partnern finden könntest, indem du deine Ansicht änderst?

Hast du jemals etwas gedacht oder gesagt wie: »Mir fällt es schwer, Frauen kennenzulernen, die mich respektieren und mögen«? Kannst du dir vorstellen, dass genau diese Ansicht Auswirkungen darauf hat, was in deinem Leben erscheint? Wenn wir uns anschauen, was hinter einer solchen Äußerung steckt – dann ist das oftmals die Ansicht, *du selbst* seist in Wahrheit nicht liebenswert oder wertvoll.

Was wäre, wenn du das ändern könntest? Hier kommen wir wieder auf das Thema zu sprechen, dass *du* dich selbst wertschätzen sollst. Verändern wir unsere Ansicht über uns selbst, verändern wir unsere Sichtweise der Welt. Und dann – *Überraschung!* – wird die Welt, die uns umgibt, zu einem vollkommen anderen Ort.

Wenn du der Ansicht bist, du seist wertvoll, liebenswert und ein Geschenk für die Welt (und die Frauen in dieser Welt), welche Ansichten hättest du *dann* in Bezug auf die Personen und Dinge, die in deinem Leben auftauchen könnten? *Welche erstaunlichen Dinge könnten von da aus noch geschehen?*

Selbst wenn es ziemlich unwahrscheinlich und weit hergeholt erscheinen mag, dass etwas so Simples wie die Veränderung deiner Ansichten dazu führt, deine Realität zu verändern, lade ich dich ein, es einmal auszuprobieren – und alle scheinbar so schlüssig und unverrückbar erscheinenden negativen Gedanken in etwas Offeneres und Positiveres zu verwandeln, das angefüllt ist mit Möglichkeiten.

KAPITEL 6

NÄHRENDE BEZIEHUNGEN KREIEREN

Einer der erstaunlichen Aspekte, ein Gentleman zu sein, ist unsere Kraft, nährende und bedeutsame Verbindungen zu anderen zu kreieren. Dieses Kapitel beschäftigt sich damit, wie wir unsere eigenen begrenzenden Standpunkte loslassen, die fünf Elemente der Intimität annehmen und uns der Möglichkeit öffnen können, wahrhaft fantastische und erfüllende Beziehungen mit allen Menschen in unserer Umgebung zu führen.

Natürlich hat ein Gentleman auch immer wieder mit Konflikten und Widerständen zu kämpfen – also werden wir uns auch ansehen, was wir tun können, wenn uns solche Situationen begegnen.

Die erste Hälfte des Kapitels konzentriert sich darauf, großartige Beziehungen zu den Männern aufzubauen, mit denen wir im Leben zu tun haben, während die Werkzeuge im zweiten Teil des Kapitels deinen Umgang mit Männern und Frauen gleichermaßen bereichern werden.

Die Beziehung eines Gentleman zu anderen Männern

Erinnere dich noch einmal daran, wie dieses Buches entstanden ist: Es war dieses offene und aufschlussreiche Gespräch, das ich mit Liam darüber führte, wie man in dieser Welt ein Mann sein kann. Und führe dir noch einmal vor Augen, in welchem Raum es stattfand – und damit meine ich nicht den physischen Raum –, sondern vielmehr den unterstützenden und nährenden Raum, den Liam und ich kreiert und möglich gemacht haben.

Liam sprach aus einer starken Verletzlichkeit und Dankbarkeit heraus, und ich erlaubte mir, sein Geschenk anzunehmen, seine Bewusstheit und das, worum er bat. Da keine Barrieren oder Mauern von Werturteilen zwischen uns standen, war unser Gespräch offen und unterstützend.

In den letzten Jahren habe ich den unglaublich großen Segen der Freundschaft von Männern in meinem Leben erfahren, die mir wirklich den Rücken gestärkt haben. Und genau diese Energie möchte ich in diesem Kapitel beziehungsweise in diesem ganzen Buch vermitteln. Die ganze Welt sollte von ihr durchdrungen sein.

Als die Gentlemen, die ihr seid, lade ich euch ein, die Möglichkeit zu begrüßen, für andere Männer in eurem Leben eine Unterstützung und ein wertvoller Beitrag zu sein und Dankbarkeit für sie zu empfinden.

Insbesondere lade ich euch ein, eure Geschlechtsgenossen nicht länger als Rivalen zu betrachten, sondern euch gegenseitig den Rücken zu stärken und alle auf Klischees basierenden

Werturteile loszulassen. Schauen wir uns nun die Möglichkeiten im Einzelnen etwas genauer an.

Nicht länger mit anderen Männern konkurrieren

Rivalität funktioniert in beide Richtungen, ob du dir dessen bewusst bist oder nicht – es gibt Männer, die siehst du als Konkurrenz, und es gibt andere, die sehen dich als Konkurrenz.

Ich lade dich ein, jegliche Vorstellung von Rivalität loszulassen, jegliche Notwendigkeit, dich zu beweisen, jegliche Gelegenheit, dich mit anderen zu vergleichen – egal, ob zu deinen Gunsten oder zu deinen Ungunsten:

Alles, was dazu geführt hat, zerstörst und unkreierst du das bitte »gottzillionenfach«? Right and Wrong, Good and Bad, POD & POC, All 9, Shorts, Boys and Beyonds.

Hast du jemals diese intensive und trennende Energie bei bestimmten Typen von Männern wahrgenommen, die zu glauben scheinen, es gäbe nur zwei grundlegende Verhaltensweisen im Umgang mit anderen Menschen? Du verstehst schon – dieses Höhlenmenschen-Gebaren: *entweder bespringen oder töten.*

Allein aufgrund der Tatsache, dass du männlichen Geschlechts bist, stellst du für diesen Typ Mann automatisch eine Konkurrenz dar (selbst wenn du gar nicht das Gefühl hast, eine Bedrohung für ihn zu sein). Bist du in der Umgebung von jemandem, der in der Nahrungskette wirklich ganz oben stehen möchte, landest du unter Umständen in der zweiten Kategorie: *töten.*

Glücklicherweise leben wir in einer zivilisierten Gesellschaft. Der Alpha-Typ aus der Kneipe, der Mitarbeiter in deinem Büro oder der Freund aus deiner Clique wird dich nicht gleich umbringen, aber sein dominantes Verhalten kann dazu führen, dass du dich in seiner Nähe über die Maßen klein machst.

Weil du dich nicht auf ein und dieselbe Stufe mit dem aggressiven Gehabe solcher Männer stellen möchtest und weil du dich sowieso immer ein wenig fehl am Platz fühlst mit deiner so ganz anderen Art, kannst du leicht das Gefühl bekommen, dass du nicht in die Gesellschaft anderer Männer hineinpasst und keine guten Beziehungen mit ihnen haben kannst. Doch was, wenn es hier noch eine komplett andere Möglichkeit gäbe?

Wir haben das bereits in den Anfangskapiteln behandelt, aber es lohnt sich wirklich, es noch einmal zu erwähnen: Jegliche Trennung, die du in der Gesellschaft anderer Männer empfunden hast, jegliche Unterschiede in deinen Sichtweisen, deinem Verhalten oder deiner Energie – sie machen dich weder weniger wertvoll als die anderen noch bedeuten sie, dass etwas mit dir nicht stimmt.

Diese Unterschiede bedeuten aber ebenso wenig, dass an den anderen etwas falsch wäre. Wir können diese Männer so annehmen, wie sie sind, ohne sie zu bewerten.

Wenn wir das Element der Bewertung aus der Gleichung herauslassen, wird alles leichter. Du kannst dich in der Gesellschaft eines extrem rivalisierenden Alpha-Mannes befinden und wirst dennoch als wahrer Gentleman – der du bist – der mächtigste Typ im Raum sein. *Wie ist das möglich?*

Was, wenn ich dir erklärte, dass du alle diese Barrieren und Mauern zwischen euch niederreißen könntest, nur indem du mit besagtem Alpha-Mann ein Gespräch anfängst? Es ist wirklich so einfach. In den meisten Fällen lässt sich machohaftes Konkurrenzgehabe durch etwas so Simples wie einen Händedruck und ein »Hallo!« in Luft auflösen.

Eine kleine Geste der Liebenswürdigkeit kann eine große Veränderung bewirken, und als Gentleman kannst du solche Veränderungen kreieren, indem du die Möglichkeit für dich zulässt, mit anderen Männern auf eine neue Weise in Beziehung zu treten, selbst wenn sie dir gegenüber ihre Barrieren hochgefahren haben.

Vielleicht erhältst du nicht immer die Reaktion, die du erwartest, wenn du die Energie veränderst – der springende Punkt, der dir in diesem Zusammenhang bewusst sein sollte, ist folgender: Hast du dich dafür entschieden, nährende Beziehungen mit anderen Männern in deinem Leben zu haben, so kannst du diese kreieren, ohne dass es darauf ankommt, dass irgendwer auf irgendeine Weise darauf reagiert.

Viele Männer wünschen sich zum Beispiel eine tolle Beziehung zu ihrem Vater, obwohl dieser in Wahrheit keine nährende Person und selbst sehr stark in seinen eigenen Bewertungen gefangen ist. Falls das etwas ist, womit du bisher Probleme hattest, lade ich dich ein, deinen Vater ab jetzt als den Menschen anzunehmen, der er nun einmal ist, und alle Werturteile loszulassen, die du in Bezug auf ihn oder sein Verhalten hast – und auch nicht mehr zu erwarten, dass sich das jemals ändern wird.

Was hat dich dein Vater gelehrt, indem er jener Mann und Vater ist, der er nun einmal ist? Selbst wenn dir dazu nur einfällt, dass er dir gezeigt hat, wie man als Vater *nicht sein sollte,* kannst du ihm trotzdem dafür dankbar sein.

Sich gegenseitig den Rücken stärken

Ich möchte an dieser Stelle eine Geschichte mit dir teilen: Vor Kurzem war ich in Costa Rica bei einer Veranstaltung von Access Consciousness. Während einer Pause fand ich mich gleichzeitig mit vier anderen Männern auf der Herrentoilette wieder – alle gehörten zum geschätzten Kreis meiner Freunde, von denen ich ein paar Seiten zuvor gesprochen habe.

Wir redeten über die kraftraubende Energie von Rivalität und Wettbewerb, die unter Männern so häufig ist, und wie jeder von uns deren negative Auswirkungen bei dieser Veranstaltung spürte. Während der Veranstaltungen arbeite ich mit bestimmten Prozessen, die ich entwickelt habe, genannt *Energetic Synthesis of Being (ESB).* Sie stellen eine Möglichkeit dar, genau die Energien, die uns in den begrenzenden Mustern unseres Seins feststecken lassen, zu verändern und zu transformieren.

Also lud ich die vier ein, nach der Pause gemeinsam mit mir an einer ESB-Gruppensitzung teilzunehmen … Und es war wirklich verblüffend! Wir konnten so viel von dem Konkurrenzverhalten zwischen uns, wie es zahllose Männer auf diesem Planeten erleben, auflösen – und der Grad der Veränderung war überragend. Wir alle waren ergriffen.

In der Sitzung waren wir vollkommen präsent füreinander, unterstützten einander, erlaubten unserer Sexualness frei zu fließen, empfanden vollkommene Dankbarkeit füreinander und veränderten dadurch die Energie im gesamten Raum, in dem sich außer uns noch weitere 150 Menschen befanden. Es war ein Moment des »Hey, Bruder, ich stehe hinter dir, ich stärke dir den Rücken!« – im wahrsten Sinne des Wortes.

Dies kreierte eine spürbare Veränderung hin zu mehr Liebenswürdigkeit, mehr Fürsorge und weniger Getrenntsein für alle im Raum. Für jeden Einzelnen von uns. Männer wie Frauen. Und die meisten von ihnen berichteten uns später davon. Fünf Männer, die sich dafür entschieden hatten, wahre Gentlemen füreinander zu sein, veränderten innerhalb einer Stunde für 150 Personen die Wahrnehmung der Wirklichkeit zugunsten von etwas Größerem. Ich werde mich stets daran erinnern und immer dankbar sein für das, was wir an diesem Tag gemeinsam kreiert haben.

Und wenn es etwas gibt, das ich mir vom Schreiben dieses Buches erhoffe, dann ist es dies: dass alle Männer, alle Gentlemen, auf eine solche Weise miteinander umgehen könnten, dass sie einander in vollständiger Verletzlichkeit, Präsenz, Sexualness und Freude den Rücken stärken.

Kannst du dir ausmalen, was das in der Welt verändern würde und welche Möglichkeiten dadurch entstünden? Also lautet meine Frage an dich jetzt: *Wenn du diese Energie annähmest, diese Ebene des Seins, der Verletzlichkeit, der Stärke, und diese Ebene, dir selbst und allen anderen den Rücken zu stärken, was könnte sich dadurch alles in unserer Welt verändern? Alles, was dich daran hindert, dies wahrzunehmen, zu erkennen, zu empfangen und dich tatsächlich dafür zu entscheiden, es jetzt zu sein – egal, wie es aussieht und egal, was es braucht –, zerstörst und unkreierst du das bitte? Right and Wrong, Good and Bad, POD & POC, All 9, Shorts, Boys and Beyonds.*

Vergiss die Klischees

Was wäre, wenn der Typ an der Theke, der sich sein Bier hinter die Binde kippt, Fußball schaut, rumgrölt und genauso aussieht und sich genauso verhält wie der typische Alpha-Mann, in Wirklichkeit ein richtig netter Kerl ist? Was, wenn er grölen, sein Bier genießen, Sport gucken und *gleichzeitig* liebenswürdig, fürsorglich und nährend sein könnte?

Eigentlich spielt es gar keine so große Rolle, ob er ein »netter Kerl« ist oder nicht. Worauf es ankommt, ist, dass wir ihn nicht bewerten. Denn, wie wir schon gesehen haben: Werturteile, worüber auch immer – uns selbst, andere, die Welt, die uns umgibt –, begrenzen uns und führen zu Trennung.

Ich lade dich ein, jegliche Werturteile, die du gegenüber anderen Männern hegst, loszulassen, für wie anders auch immer du dich selbst hältst und unabhängig davon, welche Art von Energie diese Männer im Raum verbreiten. Egal, ob du einen anderen Mann als unausstehlich oder dominant empfindest oder – das andere Extrem der Skala – als schüchtern oder schwach: Lass diese Kategorisierungen und Bewertungen einfach los.

Versuche es mal hiermit:

Wie viele Bewertungen, Beschlüsse, Schlussfolgerungen und Berechnungen besitzt du darüber, was ein wahrhafter Mann und was ein Gentleman ist? Alles, was das ist, zerstörst und unkreierst du das bitte »gottzillionenfach«? Right and Wrong, Good and Bad, POD & POC, All 9, Shorts, Boys and Beyonds.

Wenn wir jemanden bewerten, stecken wir diese Person in eine Schublade – und steckt sie erst einmal dort drinnen, wird es für uns unglaublich schwer, sie noch als etwas anderes zu sehen als das, was auf dem Etikett steht, mit dem wir sie versehen haben. Das Gleiche gilt übrigens für uns selbst. Deshalb habe ich dich, lieber Leser, an verschiedenen Stellen dieses Buches dazu eingeladen, sämtliche Werturteile, die du über dich selbst hast, loszulassen.

Wenn es nichts Richtiges und nichts Falsches mehr gibt – was ist dann noch alles möglich? Wenn du in deiner Kraft als wahrer Gentleman bist, kannst du dich in einem Raum mit lauter Männern befinden, die allesamt der Überzeugung sind, dass sie zu dir in einem Konkurrenzverhältnis stehen, und trotzdem damit – beziehungsweise mit ihnen – nicht das geringste Problem haben.

Wenn du sämtliche Vorstellungen von Konkurrenzdenken und Werturteilen losgelassen hast, bist du in der Lage, ein solches Verhalten und die entsprechende Energie bei anderen zwar wahrzunehmen – aber es wird dir nichts ausmachen.

Auf der anderen Seite – und das begeistert mich wirklich: Wenn du in Gesellschaft anderer Suchender bist, kannst du für deine Gentleman-Kollegen zu einem wahren Geschenk werden. Weil du ein Mann bist, der sich selbst und andere würdigt, bist du in der Lage, einen grenzenlosen Raum zu kreieren, in dem großartige Freundschaften gedeihen können.

Wie kann es jetzt noch besser werden?

Nun mal etwas völlig anderes …

Manchmal ist das Konkurrenzdenken zwischen Männern ein Ergebnis der Tatsache, dass manche von ihnen in Wirklichkeit gern Sex miteinander hätten, was jedoch nicht möglich ist – also wandeln sie diese Energie in Wut und Rivalität um. Wenn man als Hetero groß geworden ist, ist so etwas nicht leicht anzuerkennen oder zu akzeptieren – selbst dann nicht, wenn du als homosexueller Mann aufgewachsen bist, weil dieses Thema mit so vielen Werturteilen behaftet ist.

Wie fühlt sich das für dich als Möglichkeit an? Kann es sein, dass manches von dem Konkurrenzverhalten, das dir begegnet ist, womöglich etwas mit Begehrlichkeit zu tun hat? Wenn sich das leicht anfühlt, dann empfehle ich dir, Folgendes zu sprechen:

Wie viel von dem Konkurrenzverhalten anderer Männer entsteht dadurch, dass sie sich in Wahrheit von dir angezogen oder sexuell angemacht fühlen – und weil sie es nicht ausleben können, müssen sie dich hassen, um dich entsprechend auf Sicherheitsabstand zu halten. Alles, was dazu geführt hat, zerstörst und unkreierst du das bitte »gottzillionenfach«? Right and Wrong, Good and Bad, POD & POC, All 9, Shorts, Boys and Beyonds.

Diese Clearings sind ausgesprochen nützlich, damit die Energie im Zusammensein mit anderen Männern ungehindert fließen kann. Wenn du deine früheren starren Ansichten auflöst, bedeutet dies nicht, dass du schwul bist, und auch nicht, dass du deshalb Sex mit anderen Männern haben musst. Du erkennst lediglich an, dass es diese Energien gibt, dass es sie geben kann – und dass dies vollkommen in Ordnung ist.

Du musst es nicht abschalten, du musst diese anderen Männer nicht aus deinem Leben verbannen, und vor allem musst du dich nicht selbst zurücknehmen. Und du musst dich auch nicht ihrer Art und Weise, dies zu bekämpfen, ausliefern.

Dieses Bewusstsein wurde mir vor vielen Jahren zuteil. Einige Freundinnen von mir waren in einem Restaurant zum Abendessen und konnten mitverfolgen, wie zwei Männer sich zu prügeln anfingen. Und weil meine Freundinnen Access-Consciousness-Praktizierende waren, beobachteten sie die Situation eher, als dass sie Schlussfolgerungen daraus zogen.

Später erzählten sie mir, dass sie ganz klar erkannten, wie die beiden Männer – aus energetischer Sicht gesehen – in Wahrheit Sex miteinander haben wollten, aber es nicht zulassen konnten. Also fanden sie ein Ventil für diese starke Energie und, indem sie sich gegenseitig verprügelten, zudem eine Möglichkeit zu zeigen, dass diese Energie keine sexuelle war.

Nun, für einige von euch mag das sehr aufschlussreich sein. Doch mein Verleger fragte mich tatsächlich, ob ich diesen Abschnitt wirklich im Buch behalten wollte. Meine Antwort lautete: Ja, natürlich – weil dieser spezielle Aspekt von Mann-zu-Mann-Beziehungen, besonders zwischen Männern, die sich selbst als »heterosexuell« betrachten, so schwer nachvollziehbar ist. Und nach meiner Erfahrung stellen sich mit mehr Bewusstheit für gewöhnlich auch mehr Klarheit und Gelassenheit ein. Für einige von euch mag daher genau dieser Abschnitt den Kauf des Buches und die Zeit, die ihr zum Lesen verwendet habt, rechtfertigen.

Diese Energie ist übrigens derjenigen, die das Konkurrenzverhalten und die Trennung zwischen Männern kreiert, sehr ähnlich. Wenn du also den Eindruck hast, irgendein Mann befinde sich noch immer im Wettbewerb mit dir oder versuche dich herunterzumachen, liegt das vielleicht daran, dass er sich in Wahrheit von dir angezogen fühlt und es sich nicht gestatten kann, diese Energie zu haben – also muss er beweisen, dass er sie nicht hat, indem er eine Energie kreiert, die dich bekämpft.

Die 1-Million-Dollar-Frage lautet: »*Was soll ich dagegen tun?*«

1. Der allererste Schritt ist, dass du es anerkennst. Dadurch befreist du dich aus der Lüge, in der du feststeckst. Denk daran: Eine Lüge vermittelt dir immer ein Gefühl von Schwere. Indem du es anerkennst, kannst du wahrnehmen, was für dich wahr ist – und du fühlst dich leichter!

2. Als Nächstes könntest du das Werkzeug »*Interessante Ansicht. Ich habe diese Ansicht*« benutzen, das wir schon an früherer Stelle im Buch *(Deine Ansicht kreiert deine Realität)* angesprochen haben.

3. Danach lass die folgenden Prozesse laufen, um die Energie dessen, was dich feststecken lässt, zu verändern:

Wessen Lügen und welche Lügen benutze ich, dass ich mich selbst den unerwiderten und uneingestandenen Begehrlichkeiten ausliefere, die andere Männer mir und meinem Körper gegenüber empfinden? Alles, was das ist, zerstörst und unkreierst du das bitte »gottzillionenfach«? Right and Wrong, Good and Bad, POD & POC, All 9, Shorts, Boys and Beyonds.

Welche Energie, welcher Raum und welches Bewusstsein kann ich sein, um absolute Klarheit und Gelassenheit mit all dem zu haben? Alles, was das nicht ist, zerstörst und unkreierst du das bitte »gottzillionenfach«? Right and Wrong, Good and Bad, POD & POC, All 9, Shorts, Boys and Beyonds.

Bedenke, dass dies möglicherweise nicht das Verhalten der anderen verändern wird, aber es wird für dich leichter, weil du aus dem Bewusstsein lebst, was sich tatsächlich abspielt, statt dir etwas einzureden, was gar nicht stimmt.

Wie ein Gentleman interagiert

Es ist nun an der Zeit, den Fokus von den Problemen, die sich in unseren Mann-zu-Mann-Beziehungen ergeben können, darauf lenken, wie wir als Gentlemen nährende Beziehungen mit Männern *und* mit Frauen in unserem Leben erschaffen.

Wie kann das gelingen? Es bedarf vor allem eines entscheidenden Elements: **Gestehe den anderen ihre Ansichten zu!** Ich habe in Kapitel 2 dieses Buches den Vergleich mit jenem 350 Kilo schweren Gorilla gebraucht:

Es geht nicht darum, dass du der größte, stärkste und muskulöseste Kerl bist – denn, wenn du du bist, brauchst du keine Gewalt anzuwenden oder andere einzuschüchtern, um deinen Standpunkt deutlich zu machen.

Der 350-Kilo-Gorilla muss nicht jedem seinen Willen aufdrücken. Als Gentleman machst du nicht deine Macht geltend, indem jeder mit dir einer Meinung sein muss. Stattdessen wirst du zu zwei wirklich coolen Dingen: *zur beeindruckenden*

Quelle und *zur beeindruckenden Triebkraft einer anderen Möglichkeit.*

Du erlaubst anderen Menschen, ihre Ansichten zu haben. Und wenn sie einen Standpunkt der Begrenzung wählen oder einen, der anderen Menschen schadet, sind die Chancen groß, dass sie auf natürliche Weise davon abrücken werden – allein durch den Raum der Möglichkeit, den du kreiert hast. Und falls nicht, kannst du die Schritte im nächsten Abschnitt benutzen, um durch jeden Konflikt hindurchzugehen, der dir auf deinem Weg begegnen wird.

Der Umgang eines Gentleman mit Konflikten

Ein Konflikt entsteht, wenn zwei Menschen gegenteilige Standpunkte oder Sichtweisen vertreten. Selbst wenn du darin erfahren bist, anderen Menschen ihre Ansichten zu lassen, kannst du niemanden daran hindern, dass er versucht, dir seine Sicht der Dinge aufzudrücken. Wie können wir als Gentlemen also mit solchen Situationen umgehen?

Sehen wir uns etwas genauer an, wie Konflikte tatsächlich funktionieren. Es spielen immer zwei Polaritäten eine Rolle:

die **positive Polarität**, bei der du einer Ansicht zustimmst;
die **negative Polarität**, bei der du dich gegen eine Ansicht wehrst und darauf reagierst.

Nehmen wir ein Beispiel. Dein Mitbewohner, deine Frau, dein Bruder – oder wer auch immer mit dir zusammenlebt – ist der

Ansicht, dass du nie den Müll rausbringst. Du bist anderer Meinung. Also steht dein Mitbewohner auf der Seite der positiven Polarität (er stimmt dieser Ansicht zu) und du auf der Seite der negativen (du stimmst nicht zu).

In dieser Situation steckt ihr beide fest – jeder auf seiner Seite! Möglicherweise klammert ihr euch an eure jeweiligen Sichtweisen – es gibt keinerlei Freiheit und ihr könnt aus dieser Perspektive heraus nicht agieren.

Wie kannst du mit einer solchen Situation umgehen? Der erste Schritt ist, dir des Folgenden bewusst zu werden: Wann immer du mit dem Standpunkt oder der Ansicht einer anderen Person nicht konform gehst, wechselst du unmittelbar in den Widerstands- und Abwehrmodus. Das heißt, du widersetzt dich der Sichtweise dieser Person und wehrst dich dagegen.

Hier ist es entscheidend, dass du diesen Widerstand loslässt. Wehre dich nicht gegen die Tatsache, dass diese Person diese spezielle Ansicht vertritt, und auch nicht dagegen, dass sie alles dafür tun wird, dass du ihr zustimmst. Widerstand bringt überhaupt nichts!

Anstelle des Widerstands lade ich dich dazu ein, dieses Access-Consciousness-Werkzeug zu benutzen: **Interessante Ansicht. Ich habe diese Ansicht.**

Falls du in einem Bereich deines Lebens gerade mitten in einem Konflikt mit einer anderen Person stecken solltest, lade ich dich jetzt ein, einen Moment über diesen Konflikt nachzudenken. Spüre die Energie des Konflikts, und sprich dir einfach laut vor: *Interessante Ansicht. Ich habe diese Ansicht.* Auch wenn du es nur einmal sagst, ändert dies in der Regel bereits ein klein wenig die Energie. Also sag es gleich noch mal: *Interessante An-*

sicht. Ich habe diese Ansicht. Hat sich die Energie noch etwas mehr verändert?

Interessante Ansicht. Ich habe diese Ansicht. Interessante Ansicht. Ich habe diese Ansicht. Interessante Ansicht. Ich habe diese Ansicht.

Nimm die energetischen Veränderungen wahr. Übrigens, als wahrer Gentleman bist du dir der Energie jeder Situation, in der du dich befindest, äußerst bewusst, und auch der Energie jeder Person, mit der du interagierst.

Leider, obwohl uns dies frei machen und zu unserer wahren Größe führen sollte, geraten wir in schwierigen Situationen dadurch oftmals ins Stocken. Wenn die Person, mit der wir uns im Konflikt befinden, sich emotional sehr erregt, nehmen wir dies wahr; und wenn wir dann Widerstand leisten – stecken wir fest! Das Werkzeug »*Interessante Ansicht. Ich habe diese Ansicht*« erkennt an, dass es einen Konflikt gibt, und erlaubt dir, dich daraus zu befreien.

Nachdem du die »*Interessante Ansicht*« benutzt hast, kannst du dir folgende vier Fragen stellen. Ich lade dich ein, dir dabei einen konkreten Konflikt vorzustellen, der jetzt gerade in deinem Leben existiert:

Was ist das? (Heißt: *Was spielt sich hier wirklich ab?*)
Was mache ich damit? (Heißt: *Wie kann ich damit umgehen?*)
Kann ich es ändern?
Und wenn du letzte Frage mit Ja beantworten kannst …
Wie ändere ich es?

Diese Fragen sind ungeheuer nützlich, sie erlauben dir, ein anderes Verständnis dafür zu entwickeln, was sich tatsächlich abspielt und was du diesbezüglich tun kannst.

Anerkenne, wenn du im Unrecht bist

Ist der bestehende Konflikt das Ergebnis von etwas, das du gesagt oder getan hast? Frage dich ganz ehrlich: War es richtig, was ich gesagt oder getan habe? Bin ich bereit, mich dafür zu entschuldigen? Ein Gentleman besitzt die Bereitschaft, anzuerkennen, wenn er etwas falsch gemacht hat, und dies kann eines der größten Geschenke sein, die du dir selbst und den Menschen, mit denen du zu tun hast, machen kannst.

Wenn wir zugeben, etwas falsch gemacht zu haben, geschieht etwas wirklich Wunderbares: Wir treten aus der Rolle heraus, in der wir zu beweisen versucht haben, dass wir im Recht sind. Wenn du im Konflikt mit einem anderen Menschen versucht bist, dich ganz und gar an eine bestimmte Ansicht zu klammern, dann nimm dir einen Moment lang Zeit und schau dir an, wie sich dieses Festhalten auswirkt. Wäre es wirklich so schlimm, wenn du einmal *nicht* recht hättest?

Was, wenn ich dir sagen würde, du kannst entweder recht haben oder frei und glücklich sein – wofür würdest du dich entscheiden?

Und so kannst du frei werden.
Du sagst: *Tut mir leid, ich hatte unrecht. Was kann ich tun, um den Schaden wiedergutzumachen?* Wenn du dies anerkennst,

geschieht dies in vollkommener Verletzlichkeit. Noch einmal: *Tut mir leid, ich hatte unrecht. Was kann ich tun, um den Schaden wiedergutzumachen?*

Oftmals öffnet sich schon eine Tür allein dadurch, dass du diese Frage stellst, und der Konflikt löst sich auf. Manchmal sind deine Anerkennung und deine Entschuldigung alles, worauf die andere Person gewartet hat. Und manches Mal kann deine Entschuldigung sogar deren Ansicht verändern. Die Person findet aus ihrer eigenen »Richtig oder falsch«-Sicht der Dinge heraus und erkennt an, dass keiner von euch beiden falsch gehandelt, sondern ihr lediglich zwei unterschiedliche Sichtweisen vertreten habt. Das ist ein wirklich befreiender Standpunkt.

Bist du immer im Unrecht? Nicht zwangsläufig. Hast du immer recht? Nein, natürlich nicht. Wenn du jedoch weder im Recht noch im Unrecht sein musst – dann bist du vollkommen frei!

»*Interessante Ansicht*« und »*Tut mir leid, ich hatte unrecht. Was kann ich tun, um den Schaden wiedergutzumachen?*« sind zwei Werkzeuge, die in deinen Beziehungen gewaltige Veränderungen bewirken können, und ich lade dich ein, sie zu benutzen! Erkenne, dass du als Gentleman in jeder Situation die Person bist, die das Heft in der Hand hat. Du kannst tatsächlich zum Zauberer im Raum werden – **du hast die Wahl.**

Die fünf Elemente der Intimität

Ich glaube, beim Thema Intimität geht es vor allem um diese fünf Elemente: *Würde, Vertrauen, Erlauben, Verletzlichkeit* und *Dankbarkeit.* Ich glaube außerdem, wenn du aus diesen fünf Elementen heraus lebst, wirst du bedeutsame, nährende, wunderbare und ausdehnende Beziehungen mit Männern, Frauen und letztendlich mit dir selbst führen.

Wenn du als Gentleman die fünf Elemente der Intimität lebst, bist du **würdigend**, bist du **verletzlich**, hast du **Vertrauen** in dich selbst und lässt andere Menschen so sein, wie sie sind. Du besitzt ein Gefühl von **Dankbarkeit** und bist gegenüber jedem, mit dem du dich unterhältst, im **Erlauben**.

Später, in Kapitel 8 (»Geh deinen eigenen Weg«) werden wir sehen, wie du auf der Arbeit, die du geleistet hast, um dich selbst zu würdigen, indem du die fünf Elemente der Intimität in dein Leben gelassen hast, aufbauen kannst, sodass du am Ende mit dir selbst inniglich verbunden sein wirst. Aber sehen wir uns diese Elemente zunächst einmal in Bezug auf unseren Umgang mit anderen Menschen an.

Würde

Ist dir aufgefallen, wie häufig das Wort »würdigen« in diesem Buch vorkommt? In Kapitel 2 haben wir einen Blick darauf geworfen, wie wichtig es für uns als Gentlemen ist, uns selbst zu würdigen. Jetzt ist es an der Zeit, den Begriff etwas weiter zu fassen und die volle Bedeutung von »Würde« und »würdigen« in unsere Beziehungen zu anderen Menschen zu integrieren.

Kurz gesagt: Wenn ein Gentleman mit anderen Menschen interagiert, dann würdigt er sie. Er behandelt sie mit Achtung. Dies hebt ihn aus der breiten Masse heraus, denn – mal ehrlich! – in der Welt, in der wir leben, finden sich immer seltener Menschen, die anderen mit Achtung und Würde begegnen. Jemandem deine Zeit zu schenken und für ihn da – präsent –

zu sein ist eines der Dinge, mit denen du jemanden am meisten würdigst.

Es ist wirklich so leicht und so schön. Und so simpel. Sei vollständig präsent für die Person, mit der du zusammen bist, und für das, was sie empfindet. Sei achtsam und bereit zu erkennen, ob du einen Beitrag im Leben dieser Person leisten kannst – und falls ja, ob dies etwas ist, was sie von dir annehmen kann.

Vertrauen

Vertraue darauf, dass die andere Person sich genau so verhalten wird, wie es ihr entspricht – und versuche gar nicht erst, sie zu ändern. Habe Vertrauen, dass sie schon selbst weiß, was für sie am besten ist – auch dann, wenn du das Gefühl hast, sie wisse es nicht.

Ich lade dich ein, davon Abstand zu nehmen, andere auf der Grundlage dessen, wovon du glaubst, es sei das Beste für sie, »verbessern« oder gar »perfektionieren« zu wollen. Denn dies hieße ja, einen Menschen und die Tatsache, dass er frei wählen kann, nicht zu würdigen. Wahres Vertrauen erfordert, dass du auch im Erlauben sein kannst. Wenn du jemandem vertraust, bist du in Bezug auf dessen Entscheidungen frei von Bewertungen, Schlussfolgerungen und Ansichten.

Erlauben

Wenn du jemandem gegenüber im Erlauben bist, wird jede Wahl, die diese Person trifft, zu einer interessanten Ansicht. Es existiert weder Richtig noch Falsch, und es gibt keine Bewertungen. Erlauben und Bewertung können nicht koexistieren, und wo immer Bewertungen auftauchen, ist Intimität schlicht nicht möglich.

In dem Moment, wo du in die Bewertung gehst, errichtest du in Wahrheit eine dicke Mauer um dich herum, die es dir unmöglich macht, dich selbst oder andere in diesen so völlig anderen Seins-Raum einzulassen, den wahre Intimität kreiert.

Verletzlichkeit

Man hat uns beigebracht, Verletzlichkeit als eine Schwäche anzusehen, und deswegen haben wir auch gelernt, diese Energie zu vermeiden. Wir wollen nicht verletzt werden und möchten stark erscheinen, also haben wir Mauern und Barrieren um uns herum errichtet. Im Gegensatz zu landläufigem Denken ist Verletzlichkeit jedoch nicht mit Schwäche gleichzusetzen – in Wirklichkeit ist sie die stärkste Kraft, die es überhaupt gibt.

Wenn du wirklich bereit bist, mit jemandem zusammen zu sein, und zwar ohne jegliche Barrieren, dann kreierst du ganz andere Möglichkeiten – nicht nur für dich, sondern auch für die Menschen an deiner Seite. Dann kannst du mit diesen vollkommen präsent sein und in absolutem Erlauben und Bewusstsein leben – und das Geschenk und die Gabe, zu der du damit für andere wirst, ist wirklich phänomenal. Dir selbst und anderen Menschen gegenüber verletzlich zu sein ist ein Raum, in dem sich wahre Wunder ereignen können. Und *dies,* mein Freund, ist die wahre Kraft eines Gentleman!

Dankbarkeit

Dankbarkeit ist ebenfalls ein Raum, in dem Bewertung nichts zu suchen hat. *Du kannst entweder für jemanden oder etwas dankbar sein oder ihn oder es bewerten.*

Es ist egal, wie sich andere Menschen dir gegenüber verhalten oder welche Einstellung sie dir gegenüber haben; es kann sogar sein, dass sie sich dir gegenüber ausgesprochen bewertend verhalten – und dennoch kannst du ihnen sehr dankbar sein.

Ist doch toll, oder? Wie wirkmächtig, stark und erweiternd ist das?

Erkennst du, wie alle diese Elemente der Intimität aufeinander aufbauen und einander bedingen? Du kannst keine Dankbarkeit empfinden, ohne dass du im Erlauben bist – und wenn du für alles dankbar bist, verfügst du über einen Raum der Verletzlichkeit, der kraftvoll und inspirierend ist.

Vertrauen und Würde können ohne Erlauben nicht existieren – und sie machen alles in deinem Leben und in deinen Beziehungen noch großartiger. Die fünf Elemente der Intimität sind ein Raum des Seins, der die Welt verändert – ein Raum, aus dem heraus ein wahrer Gentleman mit Leichtigkeit agiert.

Mit den fünf Elementen der Intimität kann alles kreiert und verändert werden – und ohne sie … nun, da wären wir wieder bei dem Typ Mann, den wir zu Beginn dieses Buches beschrieben haben.

Ist dir übrigens aufgefallen, dass während unserer ganzen Betrachtung zum Thema Intimität kein einziges Mal das Wort Geschlechtsverkehr gefallen ist? Das liegt daran, dass Intimität nichts mit Geschlechtsverkehr zu tun hat, ganz im Gegensatz zu der weitverbreiteten Vorstellung, Menschen, die miteinander Sex hätten, seien miteinander »intim«. Würdest du dich jedoch dafür entscheiden, beim Geschlechtsverkehr diese fünf Elemente zu sein – wie viel fantastischer wäre dein Sexleben?

Anerkenne das Geschenk, das du bist

In Kapitel 2 haben wir uns angesehen, wie die Tatsache, dass wir etwas anerkennen – zum Beispiel, in welchen Bereichen deines Lebens du bereits als Gentleman auftrittst –, es dieser Sache erlaubt, noch weiter zu wachsen.

Ich möchte dich an dieser Stelle fragen: Wie reagierst du darauf, wenn jemand etwas an dir anerkennt? Wie leicht fällt es dir, das anzunehmen? Wenn zum Beispiel jemand zu dir sagt, du sähest gut aus, er fände deinen Pulli wirklich toll oder du seist so unglaublich lustig und rücksichtsvoll – wie reagierst du darauf? Wie nimmst du so etwas auf?

Ich frage dich das deshalb, weil ich in meinem Gespräch mit Liam am Anfang so meine Probleme hatte, das anzunehmen, was er mir sagte. Ich war überrascht, dass ich für ihn das Paradebeispiel eines Gentleman sei, und brachte dies dadurch zum Ausdruck, dass ich etwas stammelte wie: »Ach … mmh ja, echt?!«

Oft haben wir ein Problem damit, die Dankbarkeit oder Anerkennung eines anderen Menschen zu empfangen, weil wir in unserem eigenen Selbstbild aus der Vergangenheit feststecken – und genau das war es, was mir in diesem Moment mit Liam passierte. Ohne dass ich mir dessen bewusst war, hielt ein Teil von mir noch immer an alten Überzeugungen und Ansichten fest, die ich als junger Mann oder sogar schon als Kind gehabt hatte.

Als kleiner Junge hatte ich das Gefühl gehabt, überhaupt nichts wert zu sein, also war es für mich zunächst gar nicht so einfach, zu erfahren – und anzunehmen –, dass ich sehr wohl ein wertvoller Mensch bin; doch sobald ich mich einmal dafür geöffnet hatte, was Liam sagte, war dies für mich ein echter Aha-Moment. *Wow!*, schoss es mir durch den Kopf, *mir war gar nicht klar, wie viel sich für mich verändert hat!*

Wenn du einmal selbst solche großartigen und ganz anderen Gespräche führst (und das wirst du tun!), öffne dich dafür, das anzunehmen, was andere an deiner Person anerkennen. Wärst du außerdem bereit anzuerkennen, dass du ein Geschenk bist? Und zwar jetzt sofort?

Indem du du selbst bist, hast du die einzigartige Möglichkeit, etwas zur Welt eines anderen Menschen beizutragen, das dessen Leben in etwas Größeres verwandelt. Wenn du erkennst, was eine andere Person braucht oder sich wünscht, dann frage dich, ob du bereit bist, es zu geben. Stelle die Frage: *Was wird dies in meinem Leben, im Leben dieses anderen Menschen und in der Welt jetzt und in der Zukunft kreieren?*

Wenn du beginnst, aus diesem Raum heraus zu handeln, wirst du die Welt aus einer anderen Perspektive betrachten. Die meisten von uns wehren sich gegen die Bedürfnisse anderer Menschen. Wir widersetzen uns dem, was sich andere von uns wünschen, als würden sie uns etwas wegzunehmen versuchen. Was wäre, wenn dies gar nicht der Fall ist?

Was, wenn du die einzigartige Fähigkeit besitzen würdest, et-was zu schenken, das das Leben anderer Menschen großartiger machen kann – und diese nur nicht wüssten, wie sie darum bit-ten sollen?

Als Gentleman bist du in der Lage, das Beste in den Menschen zu erkennen, und du besitzt die Kraft, es aus ihnen he-rauszuholen. Falls du das auch nur ein wenig annehmen kannst, wirst du erkennen, welches Geschenk du im Leben anderer und in der Welt bist. Und wenn ich mir eine Sache für dich wün-schen könnte, wäre es genau dies: Erkenne das Geschenk, das du bist, so wie du bist – in diesem Moment.

TEIL 3

Deine Zukunft als

Gentleman

Ich möchte dich einladen, dir einen Moment Zeit zu nehmen, durchzuatmen, genau wie wir es zwischen Teil 1 und Teil 2 getan haben – und zu erkennen, wo wir uns gerade befinden und wohin unsere weitere Reise geht.

Im ersten Teil dieses Buches lag das Hauptaugenmerk ganz klar auf unserer eigenen Person – es ging darum, unseren inneren Gentleman wiederzufinden und anzunehmen.

Im zweiten Teil haben wir das noch erweitert, indem wir uns angeschaut haben, wie wir – als Gentlemen – in der Lage sind, unsere sexuelle Energie zu begrüßen und wundervolle Beziehungen und Freundschaften mit den Menschen in unserem Leben zu führen.

Im vor uns liegenden dritten Teil werden wir uns ansehen, wie du zu einer Inspirationsquelle für die nächste Generation werden und wie du deine einzigartige Kraft einsetzen kannst, um deinen ganz eigenen Weg als Gentleman in dieser Welt zu gehen.

Ich lade dich in diesem Moment noch einmal ein, dir folgende Fragen zu stellen: *Was ist von hier aus sonst noch möglich? Was kann ich noch kreieren?*

KAPITEL 7

DIE NÄCHSTE GENERATION GROSSZIEHEN

Bitte bedenke, du musst keine eigenen Kinder haben, um die jüngere Generation zu inspirieren. Es ist auch nicht notwendig, dass du ständig oder auch nur zeitweise in deinem Leben von Kindern umgeben bist – in Form von Neffen, Nichten und so weiter –, um für diejenigen, die jünger sind als du, zu einer Quelle der Führung zu werden.

Es ist sogar so, dass dein Wirkradius als Inspirationsquelle sich nicht auf Menschen beschränken muss, die jünger sind als du – es ist auch ohne Weiteres möglich, dass du jemanden inspirierst, der zwanzig, dreißig oder vierzig Jahre älter ist. *Wie das gehen soll? Weil du neue Möglichkeiten aufzeigst – eine neue Art des Seins.*

Als Gentleman hast du dich dafür entschieden, in dieser Wirklichkeit eine andere Art von Mann sein zu wollen. Allein diese Wahl, diese Bereitschaft, anders sein zu wollen, macht dich in dieser Welt zu einer Führungspersönlichkeit.

Du bist ein Mann, der in der Lage ist, sowohl seinen eigenen Weg zu gehen als auch gleichzeitig eine Inspiration für andere zu sein.

Das Wunderbare daran ist, dass es für einen Gentleman wirklich leicht ist, andere zu inspirieren. Es geschieht auf ganz natürliche Weise, ohne große Mühe und mit null Zwang.

Vor diesem Hintergrund lade ich dich ein, dir Folgendes zu überlegen: *In welcher Hinsicht bist du in deinem Leben in diesem Moment eine Inspirationsquelle für andere?*

Am Ende von Kapitel 6 habe ich dich eingeladen zu erkennen, wie du als Gentleman die Möglichkeit für nährende Beziehungen kreieren und dadurch für die Menschen in deiner Umgebung zu einem wirkmächtigen Geschenk werden kannst. Würdest du dir jetzt bitte einen Moment Zeit nehmen, dies anzuerkennen? Zu deiner Erinnerung: Dadurch, dass du eine Sache anerkennst, wird sie größer!

Überlege dir ein Beispiel, wo du etwas in positiver Hinsicht zum Leben eines anderen Menschen beigetragen hast – oder auch nur zu einem Tag, einer Stunde oder einer Minute seines Lebens. Denke an eine Situation, wo du erkannt hast, was jemand von dir brauchte, und bereit warst, es ihm zu geben.

Hier ein kurzes Beispiel aus meiner eigenen Erfahrung: Vor einiger Zeit – wir waren gerade für ein paar Tage in einem Hotel abgestiegen – fragte mich mein kleiner Neffe, ob ich Lust hätte, mit ihm zu spielen. »Klar doch!«, sagte ich, und schon legten wir los.

Das Spiel bestand hauptsächlich darin, dass wir beide immer und immer wieder von einer Ecke des Hotelzimmers in die andere rannten. Er hatte einen Mordsspaß, ich hatte einen Mordsspaß, und alle anderen, die uns dabei zusahen, amüsierten sich ebenfalls köstlich. Es war so simpel: Ich hatte einfach erkannt, was sich mein Neffe in seiner Vorstellungswelt wünschte, und war bereit gewesen, es ihm zu geben. (Das Video dieser Begegnung veröffentlichte ich anschließend sogar in meinem Vlog im Internet – weil es so lustig war. Außerdem verriet mir mein Neffe sein spezielles Geheimnis für Superkräfte beim Laufen. Sein Geheimrezept war für mich eine riesengroße Überraschung, und wenn ihr wissen wollt, was es war, müsst ihr euch unbedingt meinen Vlog anschauen. Zu dieser Zeit war mein Neffe gerade mal fünf Jahre alt – es war also kein neues und ausgeklügeltes Nahrungsergänzungsmittel, das ihm seine besonderen Kräfte verlieh, sondern etwas ganz Normales und Alltägliches.)

Zu erkennen, was andere gern von dir hätten, und deine Wahl, es ihnen – sofern du es kannst – zu geben, ist eine der Möglichkeiten, wie du als Gentleman für andere Menschen zum Geschenk wirst. Bitte wisse: Du besitzt die Kraft und die Fähigkeit, einen Beitrag für die Menschen in deiner Umgebung zu leisten und sie zu inspirieren.

Das Bewusstsein von Kindern

Erinnerst du dich daran, wie du als Kind deine Identität entwickelt hast? Wie hast du dein Gefühl für das eigene Ich erworben? Haben dir deine Eltern oder Bezugspersonen alle Möglichkeiten aufgezeigt, wer du sein könntest? Oder haben sie dir erzählt oder dich angewiesen, wer du sein *sollst*?

Wenn deine Erziehung so war wie meine (und wie die von so vielen anderen Menschen auf diesem Planeten), dann ist die Wahrscheinlichkeit groß, dass deine Identität und dein Ich-Gefühl geformt oder dir gegeben wurden, bevor du überhaupt in der Lage warst zu sprechen. Das ist – wenn du einmal darüber nachdenkst – eine ziemlich verkorkste Angelegenheit; denn man hat uns ja gar keine Gelegenheit gegeben, *auszuwählen,* wer wir eigentlich sein wollten, oder zu erkennen, wer wir wirklich sind, und es dann auch zu *sein!*

Wir waren plötzlich das, wovon uns alle erzählten, wir seien es, bis wir an den Punkt gelangten, wo wir uns wunderten, was zum Teufel hier eigentlich geschieht, und uns fragten: »*Wie bin ich überhaupt hierhergekommen?*«

Die Antwort lautet: Wir erhielten die entscheidenden Signale und Hinweise von den Menschen aus unserer Umgebung, von unseren Eltern, Großeltern, Geschwistern – oder wer auch immer uns großgezogen oder seinen Teil dazu beigetragen hat. Wir empfingen ihre Urteile, Ansichten und Begrenzungen, und begannen, uns selbst und unser Leben auf dieser Grundlage zu kreieren anstatt darauf, was für uns und aufgrund unserer eigenen Person wahr ist.

Angesichts dessen lade ich dich ein, Folgendes zu sprechen:

Wie viele Projektionen, Erwartungen, Abtrennungen, Bewertungen und Zurückweisungen habe ich in Mamas oder Papas Welt aufgeschnappt, oder von anderen Männern und Frauen, die definiert haben, wer, was, warum, wann – und wer ich als Mann und Gentleman bin, und wer, was, warum, wann – und wer ich als Mann und Gentleman nicht bin oder sein kann? Alles, was das

ist, zerstörst und unkreierst du das bitte »gottzillionenfach«?
Right and Wrong, Good and Bad, POD & POC, All 9, Shorts,
Boys and Beyonds.

Egal, ob wir unsere eigenen Kinder erziehen oder mit anderen Kindern aus unserem Umfeld zu tun haben – jenen Neffen, Nichten oder Sprösslingen von Freunden und Bekannten –, wir sollten uns immer darüber im Klaren sein: **Sie sind bewusste Wesen.**

Oft gehen wir davon aus, Bewusstsein sei etwas, das seine Wirkung erst entfaltet, wenn ein Kind zum Erwachsenen wird. Dem ist nicht so. Kinder sind vom Moment ihrer Geburt an bewusste Wesen. Überlege dir mal, wie genau ein Baby weiß, dass ein einzelner Schrei in einer bestimmten Tonlage im Handumdrehen die Aufmerksamkeit seiner Eltern auf sich ziehen wird. Noch bevor es sprechen kann, besitzt ein Baby Bewusstsein.

Eines der größten Geschenke, die wir einem jungen Menschen machen können, ist, anzuerkennen, dass er ein Bewusstsein hat. Dies ist die Grundlage dafür, anzuerkennen, welches Geschenk jedes Kind ist und – von hier ausgehend – all der Möglichkeiten, die es sein könnte. Egal, ob du ein Elternteil, Betreuer, Onkel, Lehrer oder Freund bist – dies ist ein großartiges Geschenk, das du einem anderen Menschen überreichst.

Die kommende Generation inspirieren

Wie können wir uns gegenüber den Kindern in unserem Leben verhalten? Was können wir den Kindern, die zu uns aufschauen, vermitteln?

Zunächst sollten wir verstehen, dass Kinder bei Erwachsenen Orientierung suchen. Sie suchen in uns eine Vorbildfunktion. Obwohl das in diesem Kapitel Gesagte sich gleichermaßen auf die Erziehung von Jungen und Mädchen anwenden lässt, ist es sinnvoll, uns an dieser Stelle den Einfluss bewusst zu machen, den wir als Gentlemen auf die Jungs und männlichen Heranwachsenden in unserer Umgebung haben können.

Wir können Vorbild sein (dies mag ein wenig gekünstelt klingen, obwohl es in Wahrheit etwas vollkommen Natürliches ist), indem wir den jungen Männern die Möglichkeit aufzeigen, wie sie sein und was sie kreieren können – und dies tun wir einfach dadurch, dass wir wir selbst sind.

Schlicht und ergreifend gesagt: Bist du der wahre Gentleman, der du bist, und lebst du all die Elemente, die wir bislang in diesem Buch besprochen haben – sprich, du würdigst dich selbst und andere, bist im Erlauben statt in der Bewertung –, dann zeigst du den jungen Männern in deinem Umfeld bereits eine ungeheure Menge an Möglichkeiten auf. Dann leistest du bereits deinen Beitrag dazu, dass sie in dieser Welt zu etwas Größerem werden können.

Vertiefen und konkretisieren wir dies noch ein bisschen, indem wir uns die Geschenke, die wir als Gentlemen unseren Kindern machen können, im Einzelnen anschauen.

Geschenk Nr. 1: Freiheit

Indem wir Kindern die Freiheit einräumen, Fehler machen zu dürfen, machen wir ihnen eines der größten Geschenke im Leben. Geben wir ihnen nicht das Gefühl, dass etwas falsch an ihnen ist, wenn sie einen Fehler machen, selbst dann nicht, wenn wir glauben, sie hätten etwas komplett vermasselt, dann schenken wir ihnen wirklich die Freiheit, für sich selbst zu wählen – *in dem Wissen, dass wir sie für ihre Wahl nicht kritisieren werden.*

Wenn du an deine eigene Kindheit zurückdenkst: Wurdest du jemals für eine Wahl, die du trafst, kritisiert? Vielleicht gab man dir ja auch das Gefühl, du seist nicht richtig, so wie du bist, beispielsweise weil du nicht so viel für die Schule gebüffelt hast, wie dein Vater es von dir erwartete – oder weil du viel mehr gebüffelt hast als irgendjemand je zuvor in deiner Familie, was ebenfalls als unpassend oder seltsam empfunden wurde. Vielleicht konnte deine Mutter nicht akzeptieren, dass du morgens immer so spät aus den Federn kamst oder mit welchen Freunden du unterwegs warst oder welche Klamotten du trugst.

Oder es betraf etwas noch viel Wichtigeres, wie deine Sexualität, möglicherweise aber auch unbedeutendere Dinge – zum Beispiel, wie oft du deine Haare gewaschen hast. Wenn irgendetwas davon für dich relevant ist, versuche es mal mit folgenden Clearings:

Überall, wo ich für die Wahlen, die ich getroffen habe, heftig kritisiert wurde – sogar so sehr kritisiert wurde, dass ich nun gar keine Wahlen mehr treffen möchte –, zerstörst und unkreierst du das alles bitte? Right and Wrong, Good and Bad, POD & POC, All 9, Shorts, Boys and Beyonds.

Wessen Lügen und welche Lügen benutze ich, um mein ständiges Verkehrtsein zu kreieren, das ich wähle? Alles, was das ist, zerstörst und unkreierst du das bitte »gottzillionenfach«? Right and Wrong, Good and Bad, POD & POC, All 9, Shorts, Boys and Beyonds.

Wenn wir Kindern die Freiheit gewähren, eine eigene Wahl zu treffen, handeln wir ihnen gegenüber aus vollkommenem Erlauben heraus. Erinnerst du dich noch daran, dass Erlauben und Bewertung nicht gleichzeitig existieren können? Dies ist eine wunderschöne Überleitung zu …

Geschenk Nr. 2: Keine Bewertungen

Die Art und Weise, wie wir unseren Kindern die Freiheit schenken, Dinge zu vermasseln, besteht darin, dass wir keine einzige ihrer Entscheidungen bewerten. Denn im Grunde sind es nur unsere Bewertungen gegenüber unseren Kindern, die sie etwas vermasseln lassen oder ihnen das Gefühl geben, sie machten etwas verkehrt, oder sie an sich selbst zweifeln lassen. Dies müssen wir nicht tun. Wir sind größer als das und verfügen über ganz andere Werkzeuge. Wir haben die Fähigkeit und Begabung, andere Möglichkeiten für sie zu kreieren.

Stelle Fragen. Frage deine Kinder: »*Wie fühlst du dich? Wie geht es dir?*« Und dann gibt es noch etwas, das man nicht hoch genug schätzen kann – nimm dir Zeit für deine Kinder, wenn sie sich das wünschen. Schaffe eine Zeit, in der du im vollkommenen Erlauben ihnen gegenüber bist. Bewerte sie nicht, egal, was sie dir erzählen.

Haben deine Eltern dich bewertet? Falls ja – wie in meinem eigenen Fall –, wie bist du damit zurechtgekommen? Wenn unsere Eltern uns bewerten, gehen wir häufig in Widerstand und Reaktion zu ihnen – und damit verringern sich Dankbarkeit und Freude in unserem Leben. Werturteile zerstören Kreativität und Möglichkeiten – und Kinder sind sich dessen sehr bewusst, schon bevor sie zu sprechen anfangen. Wollen wir unseren Kindern das antun?

Dies ist einer der wirklich entscheidenden Punkte: Wenn du imstande bist, dir Gedanken darüber zu machen, wie du für andere Menschen etwas Größeres kreieren kannst, als du es selbst im Leben hattest – dann bist du ein wahrer Gentleman!

Ein Gentleman schaut und erkennt, wie er einen Moment, eine Situation oder die ganze Welt für alle anderen tatsächlich zum Größeren wandeln kann, selbst wenn dies größer ist als das, was er selbst erfahren hat.

Als Gentlemen ist uns bewusst: Indem wir diese Größe in die Welt bringen, erlauben wir ihr, in der Welt zu existieren – und das wiederum erlaubt uns, eine großartigere Welt zu kreieren.

Überlege dir: Wie machst du die Welt für andere großartiger, auch wenn du selbst eine solche Möglichkeit nie geschenkt bekommen hast? Was, **wenn du Kinder (und Erwachsene, einfach jeden Menschen) so behandeln würdest, wie du gern behandelt worden wärst, und nicht, wie man dich behandelt hat?**

Geschenk Nr. 3: Sei zur Verletzlichkeit bereit
In der gleichen Weise, wie deine Kinder Orientierung bei dir suchen, kannst du dies auch bei ihnen tun. Du kannst von

deinen Kindern auf ganz wunderbare, bereichernde und über-
raschende Weise lernen.

Wenn wir uns erlauben, dies anzuerkennen, werden wir die
Gelegenheiten erkennen und unterscheiden können, wann wir
unsere Kinder anleiten müssen und wann wir im Gegenzug
etwas von ihnen lernen können.

Aber denke daran: Auch wenn uns Verletzlichkeit erlaubt,
aufrichtig mit unseren Kindern umzugehen, bedeutet dies
nicht, dass wir sie mit unseren Problemen belasten sollen. Wir
können ihnen erklären, dass es in unserem Leben bestimmte
Dinge gibt, mit denen wir uns herumschlagen müssen, dass wir
nicht perfekt sind – *und* dass wir alles dafür tun wollen, ihre
Welt in einen besseren Ort zu verwandeln.

Als Gentlemen haben wir nicht immer auf alles eine Antwort. Aber wir sind bereit, Beiträge von überall in der Welt her
zu empfangen – und natürlich auch von unseren Kindern oder
jüngeren Menschen in unserem Leben. Wir erkennen, dass es
ein Geschenk ist, von anderen zu lernen, und sind bereit, verletzlich genug zu sein, um dies anzuerkennen und dankbar dafür zu sein.

Und wenn dir dein sechsjähriger Sohn etwas beibringt:
Bedenke, was immer dir dein Kind auch zeigen wird, es hat
das wahrscheinlich von *dir selbst* gelernt. Erkenne auch dies
an – aber nicht aus einer Haltung der Arroganz, sondern
indem du dir bewusst machst, welches Geschenk du selbst
bist.

Verletzlichkeit hat auch damit zu tun, zu wissen, wann man
selbst falsch liegt oder etwas vermasselt hat. Das passiert uns
schließlich allen. Niemand ist perfekt, und gelegentlich kommt

es vor, dass wir vor unseren Kindern etwas sagen oder tun, das völlig daneben ist. Ich möchte dich einladen, dies zu akzeptieren und zu wissen, dass es in Ordnung ist. *Wenn du nicht unbedingt perfekt sein musst, was ist dann noch alles möglich?*

Bist du bereit, deinen Kindern gegenüber auch einmal nicht recht zu haben? Können sie im Recht sein, aber du nicht? Versuche es mal hiermit:

Überall, wo ich nicht bereit bin, etwas zu vermasseln, und überall, wo ich nicht bereit bin, Unrecht zu haben, kannst du das bitte zerstören und unkreieren? »Gottzillionenfach«. Right and Wrong, Good and Bad, POD & POC, All 9, Shorts, Boys and Beyonds.

Brendon und Nash

Ich möchte dir von meinem engen und lieben Freund Brendon und seinem großartigen Sohn Nash erzählen. Jetzt gerade, wo ich dieses Buch schreibe, ist Nash zwölf Jahre alt. Brendon hat als Vater Nash die drei oben beschriebenen Geschenke tatsächlich gemacht. Nash hat die Freiheit, selbst wählen zu können, und egal, welche Wahl er trifft – er liegt damit niemals falsch oder richtig. Er ist einfach der, der er ist – und sein Vater bewertet ihn niemals dafür, wer er ist, oder für eine Wahl, die er trifft.

Wendet sich Nash mit einem speziellen Problem an seinen Vater, dann stellt sich Brendon eine nützliche Reihe von Fragen, bevor er seinem Sohn antwortet, nämlich:

Wenn ich in dieser Situation wäre, wie würde ich mir
wünschen, dass damit umgegangen wird?
Was hätte ich in seinem Alter zu hören bekommen?
Und was hätte mir geholfen, die Situation zu ändern?

Es geht auch hier wieder darum, wie wir als Gentlemen für andere etwas Größeres kreieren können, etwas, das größer ist als das, was einst für uns selbst kreiert wurde.

Als Vater handelt Brendon aus einer Position heraus, in der er vollkommen bereit ist, auch einmal unrecht zu haben und Dinge zu vermasseln. Er ist bereit, verletzlich zu bleiben; und diese Verletzlichkeit erlaubt es ihm, zu erkennen, wenn er einen Fehler gemacht hat, sich dafür zu entschuldigen und Nash zu fragen, wie sie weiterhin mit der Angelegenheit umgehen wollen. Der Raum und die Möglichkeit, die dadurch kreiert werden, sind wirklich fabelhaft, und ich lade dich ein, diesen Ansatz mit den Kindern und jungen Menschen in deinem Leben anzuwenden.

Letztendlich erkennt Brendon, dass sein Sohn Nash bei ihm Orientierung sucht, dass er von ihm einen Weg und Möglichkeiten aufgezeigt bekommen möchte. Und die simple und gleichzeitig beeindruckende Wahrheit ist, dass Nash deshalb ein so großartiger Junge ist, weil Brendon, einfach indem er er selbst ist, seinen Sohn dazu einlädt, ebenfalls wirklich er selbst sein zu können. Bei der Kindererziehung geht es nicht darum, zu belehren, sondern *zu sein*. Dies ist das Geschenk, das du bist.

Über Mama reden, ohne bestimmte Ansichten zu äußern

Falls du nicht mehr mit der Mutter deiner Kinder zusammen bist, oder du bist es noch, aber die Beziehung ist nicht sonderlich gut, dann sei dir immer bewusst, wie du über sie redest. Ganz einfach ausgedrückt: *Wenn du über Mama redest, tu das, ohne bestimmte Ansichten über sie zu äußern.*

In schwierigen Situationen stelle besser Fragen, anstatt Urteile über die Mutter deiner Kinder zu fällen. Hier sind einige Beispiele:

Sag mal, wie hast du das empfunden?
Als Mama das zu dir gesagt hat, wie fühltest du dich da?
Fühlte es sich leicht oder schwer an?
Hast du dich selbst mehr oder weniger gespürt?
Hast du dich glücklicher oder unglücklicher gefühlt?

Sei dir im Klaren darüber, dass Kinder alles ihnen Mögliche daransetzen, ihre Eltern gegeneinander auszuspielen. Das bedeutet nicht, dass sie böse sind; es ist einfach das, was Kinder zu tun lernen. Sie nutzen jede Möglichkeit, wen auch immer zu manipulieren.

Wenn dir das bekannt vorkommt, dann versuche es mal hiermit:

Welche Energie, welcher Raum, welches Bewusstsein kann ich sein, um meine Kinder (oder alle Kinder) für alle Ewigkeit mit absoluter Leichtigkeit beim Manipulieren zu übertreffen? Alles,

was dies verhindert, zerstörst und unkreierst du das jetzt bitte
»gottzillionenfach«? Right and Wrong, Good and Bad, POD &
POC, All 9, Shorts, Boys and Beyonds.

Neue Generation – andere Möglichkeit

Bitte erkenne, dass du für dich eine andere Wirklichkeit kreiert
hast – oder kreieren kannst – als die, die man dir als Kind mit-
gegeben hat. Zudem kannst du als Gentleman eine andere
Möglichkeit für die Zukunft der jungen Männer und Frauen auf
diesem Planeten schaffen. So stark, so fähig, so wirkmächtig
bist du!

Haben wir erst einmal angefangen, auch nur ein kleines
Stückchen davon anzunehmen und wirklich zu begreifen, dass
wir die Möglichkeit haben, so zu leben, dann verändern wir die
gesamte Dynamik – sowohl dessen, wie wir mit uns selbst und
miteinander umgehen, als auch dessen, wie die Menschen ins-
gesamt auf diesem Planeten miteinander umgehen. *Und wie*
kann es jetzt noch besser werden?

KAPITEL 8

GEH DEINEN EIGENEN WEG

Wir haben es geschafft, liebe Gentlemen – wir sind beim Schlusskapitel dieses Buches angekommen. Und was für eine Reise das war bis hierher! Vom Wiederfinden unseres inneren Gentleman und seinem Hinaustreten ins Licht der Welt bis zur Begrüßung so vieler neuer Möglichkeiten, wie wir als wir selbst und gemeinsam mit anderen leben können – und der Erkenntnis, dass wir gleichzeitig eine Quelle und eine Wirkkraft von Möglichkeiten für alle Menschen auf diesem Planeten sind.

Aber wir sind noch nicht fertig. Es gibt noch mehr, was ich mit dir teilen möchte, und ich freue mich ganz besonders auf das, was jetzt kommt – denn in den Dingen, über die wir sprechen wollen, steckt so viel Freiheit und Möglichkeit. In diesem Abschlusskapitel liegt unser Hauptaugenmerk wiederum auf uns selbst: der Großartigkeit, ein Gentleman zu sein, und wie wir unseren eigenen Weg gehen können.

Aus der Kreation heraus handeln

Was bedeutet Kreation für dich als Gentleman? Hat Kreation etwas mit Sex zu tun? Hat sie *nur* mit Sex zu tun? Was wäre, wenn Kreation in Wirklichkeit viel mehr bedeutete als das?

Wir haben viel darüber geredet, wie wir als Gentleman die Fähigkeit besitzen, jegliches Bedürfnis nach Bestätigung im Außen loszulassen und uns selbst nicht mehr aufgrund unserer sexuellen Eroberungen oder unserer von anderen wahrgenommenen Attraktivität »beweisen« zu müssen.

Wenn du in der Vergangenheit deine Schöpferkraft allein auf der Grundlage von Sex und Geschlechtsverkehr mit jenen Menschen definiert hast, die dich anziehend fanden, wird dir auffallen, dass sich dein Bedürfnis nach sexueller Bestätigung auflösen wird, sobald du wirklich anfängst, die Energie der Kreation zu spüren und zu verstehen. Es ist eine wahrhaft umwerfende Erfahrung. Wie fühlt sich das für dich an?

Versuche es mit dem Folgenden:

Wie sehr hast du das Konzept, dass Kreation durch Sex geschieht – und zwar ausschließlich durch Sex –, falsch verstanden und angewendet? Alles, was du dafür getan hast, dies abzukaufen, und alles, was den Mann kreiert, der du glaubst, sein zu müssen, anstatt der Gentleman zu werden, der du wahrhaft bist – und das ist tatsächlich nicht bloß ein männliches Wesen, sondern jemand, dem alle Aspekte der Sexualness und der Kreation zur Verfügung stehen –, zerstörst und unkreierst du das bitte? »Gottzillionenfach«. **Right and Wrong, Good and Bad, POD & POC, All 9, Shorts, Boys and Beyonds.**

Die Reise, auf die wir uns begeben haben, hat uns jenseits von Bewertung und Nicht-richtig-Sein an einen Ort geführt, wo wir unsere eigene Realität kreieren können. Wir müssen die Wirklichkeiten, die uns auferlegt wurden, nicht länger hinnehmen.

So einfach und wunderbar und in ständiger Erweiterung gehen wir unseren eigenen Weg!

Andere würdigen, ohne dich dabei selbst zu verlieren

Wir haben die fünf Elemente der Intimität (Würde, Vertrauen, Erlauben, Verletzlichkeit und Dankbarkeit) bereits in Kapitel 6 erkundet. Dort haben wir uns angeschaut, wie wir aus diesen Elementen heraus leben können, um nährende Beziehungen mit anderen Menschen zu kreieren. Jetzt lade ich dich ein, noch ein wenig tiefer in die Anwendung dieser Elemente einzutauchen, um zur wahren Intimität mit dir selbst zu gelangen.

Würdige *dich selbst*

Auch auf die Gefahr hin, dass ich wie eine Gebetsmühle klinge – ich sage es an dieser Stelle noch einmal: Du kannst dich selbst würdigen, indem du eine Wahl triffst, die deiner würdig ist. Wähle das, wonach du dich wirklich sehnst, und nicht das, wovon andere meinen, dass du dich danach sehnst.

Wenn sich das für dich noch immer schwierig oder verschwommen anhört, kannst du auf unser Werkzeug aus Kapitel 3 zurückgreifen und dich, bevor du eine Wahl triffst, fragen: »*Wird mich das würdigen?*« Wenn du dir noch nicht sicher bist, stelle dir außerdem die »Schwer oder leicht«-Frage; sie wird dir helfen, deinen Weg zu finden. Ganz einfach: Fühlt sich das, was du erwägst zu tun, leicht oder schwer für dich an?

Vertraue *dir selbst*

Die beste Möglichkeit, dir zu erlauben, deinem Leben einen glänzenden Verlauf zu geben und in die Richtung zu gehen, von der du weißt, dass es die richtige ist (selbst wenn dir niemand anders dorthin folgt), besteht darin, Vertrauen in dich selbst zu entwickeln. Wenn du dir selbst vertraust, suchst du nicht länger im Außen nach dem, was du brauchst – oder nach einer Bestätigung dafür, dass du eine gute Wahl getroffen hast.

> *Was, wenn du die einzige Person bist, die weiß, was wahr für dich ist?*
> *Was, wenn du die Person bist, auf die du vertrauen kannst, um das zu kreieren, was du dir im Leben wünschst?*

Sei *dir selbst* gegenüber im Erlauben

Wenn du im Erlauben bist, wird alles, wofür du dich entscheidest, lediglich zu einer interessanten Sichtweise. Es gibt kein Richtig oder Falsch mehr. Alle Werturteile sind wie weggeblasen.

Denke jetzt an etwas, für das du dich selbst bewertet hast. Das mag letzte Woche, vor zehn Jahren oder vielleicht noch länger her gewesen sein. Es kann eine bestimmte Handlung gewesen sein, ein Vorfall oder etwas, was du gesagt oder getan hast. Fühle dich in die Energie dieser Sache hinein. Jetzt nimm diese Energie und benutze das Werkzeug, das wir in Kapitel 6 erkundet haben: *Interessante Ansicht. Ich habe diese Ansicht.* Dort diente es uns vor allem im Umgang mit Konflikten mit anderen Personen. Warum benutzen wir es nicht auch, wenn wir mit uns selbst im Konflikt sind?

Also, stell dir die Sache aus deiner Vergangenheit vor und sprich (wenn möglich laut vor dich hin): »*Interessante Ansicht. Ich habe diese Ansicht.*« Wenn du möchtest, wiederhole es ein paarmal. Als Gentleman kennst du keine festgefahrenen Ansichten. Spüre, wie sich dadurch die Energie verändert.

Du kannst dieses Erlauben mit allem ausprobieren und praktizieren, was dich im Leben feststecken lässt.

Sei *dir selbst* gegenüber verletzlich

Verletzlich zu sein bedeutet, keine Mauern oder Barrieren um uns herum zu errichten – egal, ob wir mit einer Gruppe von Leuten, einem einzigen Menschen oder mit uns selbst allein sind. Aus Verletzlichkeit heraus zu handeln bedeutet, dass wir kein Bedürfnis haben, irgendetwas beweisen zu müssen.

In dieser Welt können wir Männer ganz leicht das Gefühl bekommen, dass wir etwas beweisen müssten. Wir wollen zeigen, dass wir ein Macho sind, keine Angst haben, alles unter Kontrolle haben, dass wir sexy sind, wertvoll und begehrenswert …

Eines der Kennzeichen eines Gentleman ist, dass er nichts beweisen muss. Wenn du dir erlaubst, verletzlich zu sein, gibst du dir die Freiheit, Fehler zu machen. Du musst nicht perfekt sein und schon überhaupt nicht irgendetwas beweisen.

Empfinde Dankbarkeit für *dich selbst*

Wie wäre es, wenn du jeden einzelnen Tag für dich selbst dankbar wärst? Wenn du für das Leben, das du bis jetzt kreiert hast, dankbar wärst; sowie für deine Bereitschaft, dich zu verändern und für etwas anderes zu entscheiden? Und für das, was dich auf einzigartige Weise *du selbst* sein lässt? Erkenne das Geschenk, das du bist – so, wie du bist!

Damit du es dir wirklich zu eigen machen kannst, aus den fünf Elementen der Intimität heraus zu leben, lade ich dich ein, dieses Clearing anzuwenden:

Welche Energie, welcher Raum und welches Bewusstsein kann ich sein, um mir selbst und meinem Körper gegenüber für alle Ewigkeit in vollkommenem Erlauben, Würde, Vertrauen, Verletzlichkeit und Dankbarkeit zu sein? Alles, was dies verhindert, zerstörst und unkreierst du das bitte »gottzillionenfach«? Right and Wrong, Good and Bad, POD & POC, All 9, Shorts, Boys and Beyonds.

Wahre Intimität mit dir selbst ist eines der größten Geschenke, die du – als Gentleman – dir selbst und der Welt machen kannst. Es untermauert auf großartige Weise so viele der Ansätze und Ideen, die wir in den bisherigen Kapiteln besprochen haben. Wenn du in Intimität mit dir selbst lebst, bist du der vollkommene Gentleman. Du bringst dir Wertschätzung entgegen, begreifst deine eigene Kraft und erkennst, welches Geschenk du bist – und andere werden es dir gleichtun.

Wahl – die Quelle für alles

Am Anfang dieses gesamten Prozesses steht eine Wahl. Wenn du bereit bist, etwas anderes als bisher zu wählen, öffnen sich dir eine Menge neuer Türen – so einfach und so schön ist das!

Erinnerst du dich noch an diesen Satz aus dem Einleitungskapitel? Na ja, vielleicht nicht mehr – liegt ja schließlich einige Tausend Wörter zurück, und seither bist du ein ganzes Stück Weg gegangen.

Erkennst du, wie du – einfach indem du im Schlusskapitel des Buches noch immer hier bist und diese Worte liest – einen neuen Weg des Seins gewählt und diesen begrüßt hast? Erkennst du deine Bereitschaft, dich anders zu entscheiden, sowie deine Offenheit gegenüber all den Möglichkeiten, die in dieser Wahl stecken?

Es überrascht mich nicht im Geringsten, mein Freund – schließlich bist du ein Suchender!

Skizzieren wir für einen Moment unsere gemeinsame Reise bis hierher, um zu sehen, wie weit wir wirklich gekommen sind. Vom Beginn dieses Buches bis zu diesem Augenblick …

… hast du gewählt, Folgendes loszulassen:
- die Schubladen und Rollen des Männerbildes, die dich bislang ausgebremst haben;
- jegliches Gefühl, dass du, nur weil du ein Mann bist, nicht »richtig« bist;
- jegliches Gefühl, dass du eigentlich etwas oder jemand anderes *sein solltest;*

- die traditionellen Vorstellungen von Männlichkeit und Weiblichkeit;
- das *Entweder-oder*-Denken;
- die Trennung von Männern, von Frauen ... von dir selbst;
- die Werturteile – dir selbst und anderen gegenüber?

... konntest du folgende Möglichkeiten annehmen:
- dich selbst zu würdigen und wertzuschätzen;
- verletzlich zu sein, Fehler zu machen und dich für eine leichtere und fröhlichere Seite deiner selbst zu öffnen;
- ein Gentleman und *gleichzeitig* ein sexuelles Wesen zu sein;
- dankbar für die anderen Männer in deinem Leben zu sein?

... hast du erkannt, dass ...
- wir als Gentleman Schöpfer sind und Veränderung kreieren können;
- wir uns entscheiden können, etwas für andere zu kreieren – sogar mehr als das, was für uns kreiert wurde;
- unsere Ansichten unsere eigene Realität kreieren?

Und um einen Riesenschritt vorwärts zu machen – kannst du erkennen, dass ...
- ... du als Gentleman deinen eigenen Weg gehst?

Beobachter oder Schöpfer?

Wie engagiert, wie aktiv, *wie schöpferisch* bist du, wenn es darum geht, dein Leben zu leben? Sitzt du die meiste Zeit auf dem Fahrersitz? Bist du auf deinem Schiff der Steuermann? Oder machst du es dir lieber auf dem Rücksitz bequem? Hängst du lieber auf dem Aussichtsdeck herum – all den Dingen um dich herum ausgeliefert?

Eines der wunderbaren Geschenke am Gentleman-Dasein erhalten wir in dem Moment, wo uns bewusst wird, dass wir die Macht besitzen, nicht nur Teil unserer Realität zu sein, sondern diese auch selbst zu gestalten. Als Gentlemen, als Suchende, als »Pferdemenschen« sind wir nicht dafür gemacht, auf der Rückbank zu sitzen und zuzusehen, wie sich das Leben vor uns abspult. Wir werden selbst zu Akteuren der Veränderung. Das bringt uns noch einmal zurück zu dem Werkzeug, das ich in Kapitel 5 vorgestellt habe: *Deine Ansicht kreiert deine Realität.*

Das heißt, alle deine Gedanken, Gefühle, Vorstellungen und Wahrnehmungen kreieren die Welt, in der du lebst, und die Erfahrungen, die du machst. Nicht die Realität kreiert deine Ansicht; sondern deine Ansicht kreiert deine Realität. *Ist das nicht klasse? Wie aufregend, erweiternd, offen und befreiend ist so etwas?*

Wenn wir unsere eigene Wirklichkeit erschaffen, besitzen wir tatsächlich die Fähigkeit, erstaunliche Veränderungen in Gang zu setzen. Wir werden zum Zauberer, zur Kraft und Quelle für neue Möglichkeiten in unserem eigenen und im Leben der Menschen um uns herum. Also frage ich dich noch mal: *Ist das nicht einfach wunderbar?*

Bitte und du wirst empfangen

Da du nun angefangen hast, bestimmte Wahlen zu treffen, und dich für neue Möglichkeiten geöffnet hast – bist du bereit, all dies anzunehmen?

Das Universum ist auf deiner Seite. Es möchte nur das Beste für dich und wartet schlicht darauf, dass du es darum bittest.

Wenn du aus diesem Denken heraus lebst, kannst du den Ansatz *Deine Ansicht kreiert deine Realität* in die Tat umsetzen; dann wirst du die wahre Kraft erfahren, die es bedeutet, du selbst zu sein. Wie total überwältigend ist es, *dies zu sein?* Auf folgende Art und Weise kannst du das Universum um das bitten, was du dir in deinem eigenen Leben wünschst.

Zuerst spüre die Energie der Sache, die du dir wünschst, indem du dich in das Gefühl hineinversetzt, wie es wäre, wenn du sie bereits hättest. Das kann eine Beziehung, eine Erfahrung oder ein Gegenstand sein – oder eine Kombination aus allen drei Dingen oder auch etwas vollkommen anderes, was du gern sein oder machen oder haben würdest.

Nun teile dem Universum mit, was du tust. Sage ihm: »Ich fühle mich hinein und spüre, wie es wäre, eine bestimmte Sache zu sein, zu tun oder zu besitzen«, und ergänze dann: *»Universum, ich bitte dich um diese Sache!«* Diese Bestätigung schafft absolute Klarheit zwischen dir und dem Universum, dass du um das bittest, was auch immer du dir wünschst.

Anschließend sagst du: »*Bewusstsein, Universum – könntest du mir bitte helfen! Ich weiß nicht, wie es geschehen wird, aber ich bin bereit, alles zu sein oder zu tun, damit es geschieht. Ich bin bereit, alles zu ändern, damit es geschieht.*«

Das war's. Fertig! Und danach lebst du einfach dein Leben. Du brauchst dich nicht darum zu sorgen, auf welche Weise sich das Gewünschte für dich ereignen wird, aber wenn du etwas spürst, das sich so anfühlt wie die Energie, die du heraufbeschworen hast – dann gehe einfach weiter in dieser Richtung.

Glaube mir, aus der Erfahrung meiner Arbeit mit Hunderttausenden von Menschen auf der ganzen Welt kann ich dir sagen:

Wenn du dich für etwas entscheidest und das Universum darum bittest, wirst du einen Weg finden, um dorthin zu gelangen – auch wenn du keine verstandesmäßige Vorstellung davon hast, wie du an diese Sache, diese Beziehung oder diese Erfahrung kommen kannst. Wenn du etwas wählst, taucht der Weg dorthin vor dir auf. So wirkmächtig bist du!

Du hast nichts zu verlieren – außer deinen Begrenzungen

Ich sage es dir aus meiner eigenen persönlichen Erfahrung: Du hast nichts zu verlieren außer deinen Begrenzungen! Das mag sich für dich stimmig anhören, wenn du eine gewisse Abneigung dagegen hast, Entscheidungen zu treffen oder bestimmte Richtungen einzuschlagen.

Oft ist das, was den Menschen die größten Sorgen bereitet oder was sie am meisten zu verlieren fürchten, tatsächlich ihr Platz in dieser Wirklichkeit. Genau das ist mir passiert.

Vor ein paar Jahren war ich mit meinem Freund Gary Douglas in Italien. Eines Morgens wachte ich auf und fühlte mich ziemlich traurig und zerknirscht. In der Nacht zuvor hatten Gary und ich mit einigen Prozessen von Access gearbeitet, was ein paar der größten Begrenzungen meines Lebens aufgelöst hatte. Aber am nächsten Tag fühlte ich mich einfach fürchterlich – so was von traurig und am Boden zerstört. Gary fragte mich, was los sei, und ich konnte ihm nur antworten, dass ich mich traurig fühlte. Ich bat um seine Hilfe, und er begann mir Fragen zu stellen, um aufzudecken, was genau mit mir vor sich ging.

Jedes Mal, wenn er mir eine Frage stellte, lautete meine Antwort: »Ich weiß es nicht«, bis er mich irgendwann fragte: »Hast du das Gefühl, etwas zu verlieren?«

»Ja, genau das ist es!«, sagte ich.

»Und was ist es, das du verloren hast?«

Ich antwortete prompt: »Meine Begrenzungen!«

Dann fing ich an zu lachen. Ich begriff: Alles, was ich verloren hatte, war jener entscheidende Bereich meiner Begrenzungen in der Welt. Es war ein wahnsinnig befreiender Moment, als mir das klar wurde.

Wäre das auch eine Möglichkeit für dich? Hast du vielleicht Angst davor, das zu verlieren, was dich in Wirklichkeit bremst? Wenn du das Gefühl hast, es ergeht dir ähnlich, versuche es mal hiermit:

Was habe ich so lebensnotwendig, wertvoll und real gemacht am
»Verlust« meiner Begrenzungen, dass ich mich ständig darüber
beschwere, statt mich für die Freude und die Freiheit zu ent-
scheiden, die ich in Wahrheit bin? Alles, was das ist, zerstörst
und unkreierst du das bitte »gottzillionenfach«? **Right and**
Wrong, Good and Bad, POD & POC, All 9, Shorts, Boys and
Beyonds.

Und dann sagst du es dir noch einmal vor. Und dann noch
einmal.

Wer wärst du ohne deine Begrenzungen?

Ich glaube daran, dass du wirklich in der Lage bist, die Realität,
so wie wir sie kennen, zu verändern. Du trägst diese Kraft in dir,
ob du das bisher wahrgenommen hast oder nicht.

Als Gentleman kannst du einfach alles sein. Du ermächtigst
andere Menschen, hast Spaß, du hast Spaß an Sex, am Zusammensein mit befreundeten Männern und Frauen – und du ge-
nießt es, Schöpfer zu sein. Dein Leben funktioniert einfach! Du
bist alles, was du bist. Du bist die Person, die bereit ist, Ja oder
Nein zu sagen; du bist bereit, Fehler zu machen, Dinge zu verbocken, zu sehen, was für die Zukunft nötig ist, zu erkennen, ob
du bereit bist, diesen Weg zu gehen und das zu kreieren, wofür
du in diese Welt gekommen bist.

Du bist jemand, der mit jeder Situation umgehen kann. Du
bist ein Geschenk für dich selbst und alle anderen in deinem
Leben. Du bietest eine neue Möglichkeit, wie wir gemeinsam in
der Welt sein können. Du führst anderen vor, dass Trennung

nicht notwendig ist. Du zeigst ihnen, dass wir keinen Hass brauchen, dass es Sexualness gibt – dass Freude existiert.

Du bist die Einladung zu einer Wirklichkeit, in der es tatsächlich in Ordnung ist, Spaß zu haben, Geld zu haben, sich in seiner Haut wohlzufühlen und stolz zu sein: auf sich selbst, auf das, was man kreiert, und darauf, andere Möglichkeiten einzuladen.

Du bist stolz auf deine Verschiedenheit. Das heißt nicht, dass du arrogant bist; du bist schlicht und ergreifend stolz. Du bist auf die Tatsache stolz, dass du die Großartigkeit, die du bist, auch sein kannst, und dies wiederum lädt andere ein, die Großartigkeit zu sein, die sie sind. Und dieser Stolz auf deine Verschiedenheit führt häufig – entgegen allgemeiner Auffassungen und Dogmen – zu einer bescheidenen Dankbarkeit dem Geschenk gegenüber, zu dem du wirst.

Du siehst die Möglichkeit, alle Dinge in etwas Größeres zu verwandeln – und das ist es, was du wählst! Du hast keine Ahnung, ob die Wahl, die du heute triffst, auf andere Einfluss hat oder sie erreichen wird – aber du entscheidest dich heute für die Kraft, Liebenswürdigkeit, Brillanz, Großzügigkeit, Neugierde und Verletzlichkeit. Und du bist bereit dafür, dass diese Wahl das Antlitz unserer gesamten Zukunft verändert.

Wenn du erkannt hast, dass deine Zukunft in deiner eigenen Hand liegt, stelle dir folgende Fragen:

Was werde ich wählen?
Was wähle ich zu kreieren, das noch nie zuvor kreiert
worden ist?

*Was kann ich wählen und kreieren, um das noch nie
jemand gebeten hat?
Was ist sonst noch möglich?*

Ich lade dich ein, ein Leben zu leben und dies auf eine Art und
Weise zu tun, die dich jeden Tag voll Begeisterung aus dem Bett
springen lässt, bereit, etwas Neues zu kreieren!

Ich lade dich ein, der Gentleman zu sein, der du bist, und all
die Geschenke anzunehmen und zu genießen, die du empfangen wirst, wenn du du selbst bist – ebenso wie diejenigen, die
du der Welt dann anbieten kannst. Was wäre, wenn du – indem
du wahrhaft du selbst bist – genau der Gentleman bist, den diese Welt braucht?

Wirklich!

DER ANFANG

Wie kann ich diesen Prozess, diese Reise, *diese vergnügliche Spritztour* mit dir zu einem Abschluss bringen?

Wie kann ich dieses Buch beenden, wenn es in Wirklichkeit doch erst der Anfang ist? Ich will mir Mühe geben, indem ich dir ein paar nicht ganz so endgültige Gedanken anbiete. Ich will es mal so ausdrücken: Ja, es ist das Ende dieses Buches – und es ist der *eigentliche Beginn deines restlichen Lebens.*

HIER BEGINNT DEINE REISE ERST WIRKLICH:

Erinnerst du dich noch, wie ich dich ganz zu Beginn dieses Buches bat, dir jenen Moment vorzustellen, wo du als Gentleman in den Spiegel schaust und den Mann, den du da siehst, wirklich magst? Wo du wirklich dankbar bist für dich selbst und die Großartigkeit, die du bist – frei von allen Bewertungen, Schamgefühlen und Entschuldigungen? So verlockend das klang, fühlte es sich damals nicht auch egoistisch, illusorisch und unerreichbar an?

Und wie ist es jetzt?

Kannst du dir einen Augenblick Zeit nehmen, um zu erkennen, wie weit du gekommen bist, seit du dir zum ersten Mal den Moment vor dem Spiegel vorgestellt hast? Ich lade dich ein, dich in die Energie hineinzuversetzen, in der du gerade bist – alles, was du losgelassen, begrüßt, erkannt und kreiert hast; alles, was du gewählt hast.

Erkenne, wo du früher überall versucht hast, hineinzupassen. Jetzt bist du bereit, allein als Gentleman aufzutreten – als Führungspersönlichkeit, die nicht mehr durch andere bestätigt zu werden braucht, sondern *nur durch sich selbst.*

Erkenne nicht nur die Wahlen an, die du getroffen hast, um bis hierhin zu gelangen, sondern auch die Möglichkeiten an Wahlen, die *noch vor dir liegen* – jetzt, wo du wieder zurückgefunden hast zu dem Gentleman, der du bist.

Von der Entstehung dieses Buches bis zum gegenwärtigen Moment bleibt es eine meiner größten Hoffnungen, dass wir, indem wir dieses Gespräch mit anderen teilen, bei so vielen Männern wie möglich einen Dialog in Gang setzen – darüber, was es heißt, in dieser Wirklichkeit ein Mann zu sein.

Wenn der Prozess der Lektüre und die gemeinsame Reise mit mir dir Türen geöffnet und zu Aha-Erlebnissen geführt hat, wenn du an dir selbst die erstaunlichen Veränderungen gespürt hast oder noch erlebst, die sich ereignen, wenn man ein wahrer

Gentleman ist, dann würde es mich wirklich freuen, wenn du mit den Männern in deinem Leben – die dazu bereit sind – genau dieses Gespräch führen und mit ihnen dieses Buch teilen würdest.

Das Leben ist eine stürmische, spannende Wahnsinnsreise – also spring auf und werde die Ursache der Veränderung!

Genieße es, mein Freund, dein Leben zu kreieren –
als der *Gentleman, der du wahrhaft bist!*

ÜBER DEN AUTOR

Dr. Dain Heer ist als internationaler Redner und Autor weltweit unterwegs und hält Seminare für Fortgeschrittene zur Access-Consciousness-Methode. Aus einer Haltung völligen Erlaubens sowie mit Anteilnahme, Humor und einem phänomenalen Wissen möchte er Menschen zu mehr Bewusstsein einladen und inspirieren.

Dain Heer begann seine berufliche Laufbahn als Network-Chiropraktiker im Jahr 2000 in Kalifornien. Seit seiner College-Zeit hat er viel mit dem menschlichen Körper gearbeitet und lernte Access Consciousness an einem Punkt in seinem Leben kennen, als er zutiefst unglücklich und dem Selbstmord nahe war. Access Consciousness veränderte für ihn alles. Sein Leben begann, sich mit einer größeren Leichtigkeit und Geschwindigkeit zu entwickeln, als er dies je für möglich gehalten hätte.

Heute ist Dain Heer vor allem bekannt für seinen einzigartigen Prozess der Energietransformation (*The Energetic Synthesis of Being)* und als Mitgestalter von Access Consciousness, neben dem Begründer der Methode, Gary M. Douglas. Dain Heers Ansatz für Heilung besteht darin, Menschen zu zeigen, wie sie ihre eigenen Fähigkeiten und ihr Wissen anzapfen und nutzen können. Die energetische Transformation geht sehr schnell vonstatten – und ist wahrhaft dynamisch.

Dain Heer stützt sich als Pionier für Bewusstsein und kreatives Denken mit einem tiefen Verständnis für die Schöpfungskraft jedes Einzelnen auf seine Erfahrung und einzigartige Perspektive, um positive Veränderung in der Welt zu ermöglichen; er möchte Menschen aus allen Kulturen, Nationalitäten, Altersgruppen und sozialen Schichten befähigen, den finanziellen Wohlstand, die Beziehungen und das Leben zu kreieren, das sie sich wahrhaftig wünschen.

Mehr Informationen zu Dr. Dain Heer unter:
drdainheer.com

ÜBER
ACCESS CONSCIOUSNESS

Access Consciousness gibt es in über 170 Ländern. Die Methode hat in den vergangenen dreißig Jahren dazu beigetragen, das Leben von Zehntausenden Menschen auf der Welt zu verändern. Sie wird in Form von Seminaren, Telecall-Reihen, Büchern, Audio-Formaten und Beratungsgesprächen vermittelt.

Access Consciousness ist ein sich ständig weiterentwickelndes Programm zur Energietransformation, das die Werkzeuge und Fragen bietet, alles zu kreieren, was du dir wünschst – auf eine andere und leichtere Art –, und die Dinge in deinem Leben zu verändern, die du bisher nicht verändern konntest.

Access Consciousness basiert auf der Vorstellung, dass nichts an dir falsch ist, dass du das nötige Wissen besitzt und dass Bewusstsein alles zu verändern vermag. Es bietet dir Möglichkeiten, die es dir erlauben, vollkommen bewusst zu werden und als das bewusste Wesen zu leben, das du wahrhaft bist. Es verschafft dir Zugang zu den Möglichkeiten, die existieren, wenn du nicht mehr festgefahren bist oder nicht mehr glaubst, dass du festgefahren bist. Wenn du frei wählen könntest, was würdest du kreieren?

- *Wenn dein Lebenszweck darin bestünde, Spaß zu haben, was würdest du dann verändern?*
- *Wenn du dein Leben heute feiern würdest, was würdest du wählen?*
- *Was ist sonst noch möglich, worüber du bisher nie nachgedacht hast?*

Das Ziel von Access Consciousness ist es, eine Welt des Bewusstseins und der Einheit zu kreieren. Bewusstsein schließt alles ein und bewertet nichts. Bewusstsein ist die Fähigkeit, in jedem Augenblick deines Lebens präsent zu sein, ohne jegliche Bewertung deiner selbst oder von anderen. Es ist die Fähigkeit, alles zu empfangen, nichts abzulehnen und alles, was du dir im Leben wünschst, zu kreieren – mehr als das, was du derzeit hast, und mehr als das, was du dir je hättest träumen lassen.

Die Informationen, die Werkzeuge und die Techniken, die in diesem Buch beschrieben werden, sind nur ein kleiner Vorgeschmack dessen, was Access Consciousness zu bieten hat. Es gibt ein ganzes Universum an Prozessen und Kursen zum Thema. Obwohl diese Werkzeuge im Leben vieler Menschen große Veränderungen bewirken konnten, erhebt Access Consciousness keinesfalls den Anspruch, der einzige Weg zu sein. Access befähigt dich, zu wissen, was für dich wahr ist. Es erlaubt dir zu wissen, dass du weißt!

Wenn es Bereiche in deinem Leben gibt, von denen du weißt, dass sie besser sein könnten, hast du vielleicht Interesse, an einem Access-Consciousness-Kurs oder -Workshop teilzunehmen oder einen Facilitator vor Ort zu finden. Dieser kann dir dabei helfen, bei deinen noch ungelösten Themen mehr Klarheit zu schaffen.

Weiterführende Informationen unter:
accessconsciousness.com